Metodologia de iniciação ao xadrez

SÉRIE CORPO EM MOVIMENTO

inter
saberes

Metodologia de iniciação ao xadrez

Augusto Cláudio Santa Brígida Tirado
Fernanda Letícia de Souza

intersaberes

Rua Clara Vendramin, 58 • Mossunguê • CEP 81200-170 • Curitiba • PR • Brasil
Fone: (41) 2106-4170 • www.intersaberes.com • editora@intersaberes.com

Conselho editorial
Dr. Alexandre Coutinho Pagliarini
Dr.ª Elena Godoy
Dr. Neri dos Santos
M.ª Maria Lúcia Prado Sabatella

Editora-chefe
Lindsay Azambuja

Gerente editorial
Ariadne Nunes Wenger

Assistente editorial
Daniela Viroli Pereira Pinto

Preparação de originais
Palavra Arteira Edição e Revisão de Textos

Edição de texto
Palavra do Editor

Capa
Laís Galvão (*design*)
Hedzun Vasyl/Shutterstock (imagem)

Projeto gráfico
Luana Machado Amaro

Ilustração
Olga Bolbot/Shutterstock

Diagramação
Carolina Perazzoli

Designer **responsável**
Iná Trigo

Iconografia
Regina Claudia Cruz Prestes

Dados Internacionais de Catalogação na Publicação (CIP)
(Câmara Brasileira do Livro, SP, Brasil)

Tirado, Augusto Cláudio Santa Brígida
  Metodologia de iniciação ao xadrez / Augusto Cláudio Santa Brígida Tirado, Fernanda Letícia de Souza. -- Curitiba : Editora Intersaberes, 2023. -- (Série corpo em movimento)

  Bibliografia.
  ISBN 978-85-227-0437-8

  1. Xadrez 2. Xadrez – Estudo e ensino I. Souza, Fernanda Letícia de. II. Título. III. Série.

23-142454   CDD-794.1

Índices para catálogo sistemático:
1. Xadrez   794.1
        Cibele Maria Dias – Bibliotecária – CRB-8/9427

1ª edição, 2023.
   Foi feito o depósito legal.
   Informamos que é de inteira responsabilidade dos autores a emissão de conceitos.
   Nenhuma parte desta publicação poderá ser reproduzida por qualquer meio ou forma sem a prévia autorização da Editora InterSaberes.
   A violação dos direitos autorais é crime estabelecido na Lei n.9.610/1998 e punido pelo art. 184 do Código Penal.

Sumário

Apresentação • 9
Como aproveitar ao máximo este livro • 13

Capítulo 1
O jogo de xadrez em diferentes contextos • 19

1.1 Aspectos sócio-históricos do xadrez • 22
1.2 Qualidades pedagógicas do xadrez no contexto educacional • 25
1.3 Xadrez como atividade de lazer • 31
1.4 O esporte xadrez – torneios e federações • 37
1.5 Graduações de jogadores de xadrez • 43

Capítulo 2
Metodologia de iniciação ao jogo de xadrez • 55

2.1 Conhecendo o campo de jogo e as peças da batalha • 58
2.2 Primeiros movimentos com as peças • 64
2.3 Atacando o rei – xeque • 70
2.4 Como vencer no xadrez – xeque-mate e lance ilegal • 74
2.5 Metodologia de ensino para iniciação ao jogo de xadrez • 78

Capítulo 3
O início da partida de xadrez – abertura • 89

3.1 Conhecendo os movimentos especiais • 92
3.2 Notação algébrica da partida de xadrez • 96

3.3 Princípios da abertura no jogo de xadrez • 99
3.4 Principais aberturas e defesas e suas linhas • 102
3.5 Xadrez e desenvolvimento cognitivo • 117

Capítulo 4
A condução da partida de xadrez – meio de jogo • 125
4.1 Características do meio de jogo do xadrez • 128
4.2 Golpes táticos • 135
4.3 O cálculo e o raciocínio lógico no meio de jogo • 139
4.4 A importância da estrutura de peões • 144
4.5 Analisando partidas clássicas e ciladas de abertura • 150

Capítulo 5
A última fase da partida de xadrez – final • 167
5.1 Princípios para se jogar um bom final • 170
5.2 Situações de empate e suas implicações • 179
5.3 A importância do rei no final de jogo • 184
5.4 Xeques-mate clássicos de final de jogo • 188
5.5 Memória e concentração no jogo de xadrez • 193

Capítulo 6
Xadrez e suas aplicações no contexto escolar • 201
6.1 Xadrez como ferramenta pedagógica na escola • 204
6.2 Xadrez nas aulas de Educação Física • 209
6.3 Organização de torneios de xadrez na escola • 212
6.4 O uso do relógio de xadrez • 217
6.5 Jogos pré-desportivos no xadrez • 220

Considerações finais • 231
Referências • 233
Bibliografia comentada • 239
Respostas • 241
Sobre os autores • 245

Dedicamos este trabalho a todos os professores e interessados em desenvolver a prática do xadrez, no contexto escolar ou em qualquer outro, levando os benefícios do esporte ao maior número de pessoas possível.

Em especial, aos amigos Grande Mestre Jaime Sunye Neto e Mestre Internacional Regina Ribeiro, pelo trabalho perseverante com o ensino de xadrez nas escolas.

Apresentação

O xadrez, seja como esporte de competição, seja como atividade lúdica, apresenta-se como uma excelente ferramenta pedagógica capaz de desenvolver em seus praticantes habilidades cognitivas como a memória, o raciocínio lógico e a concentração. Além disso, suas características como jogo proporcionam a melhora de habilidades sociais como a autoestima, o respeito aos próprios limites e aos do outro, a autonomia e a capacidade de lidar com vitórias e derrotas de forma equilibrada.

A falta de concentração e as dificuldades com questões de raciocínio lógico nas atuais gerações são preocupações constantes entre os profissionais da educação no que diz respeito à efetivação do processo de ensino-aprendizagem nas escolas. Há uma necessidade urgente de buscar estratégias pedagógicas que contribuam para o aprimoramento de competências e habilidades que permitam aos estudantes desenvolver o "aprender" e o "saber fazer", aplicando os conhecimentos apreendidos.

Estudiosos do xadrez consideram que a inclusão de atividades enxadrísticas no contexto escolar constitui uma ótima alternativa para o desenvolvimento dessas habilidades e competências, melhorando a capacidade de percepção em relação ao binômio espaço-tempo e promovendo o exercício da paciência, da tolerância, da perseverança e do autocontrole.

O ensino de xadrez na escola deve ser feito por um profissional ou professor de educação física, que adquire em sua formação os conhecimentos e habilidades específicos para essa prática. O xadrez é uma modalidade esportiva como qualquer outra, como futebol, voleibol, basquetebol, atletismo e tantas outras, pois conta com técnica, tática e regras oficiais regidas por uma federação internacional. Assim, cabe ao professor de Educação Física adaptar-se ao ensino desse esporte estudando, pesquisando, fazendo cursos básicos e de aperfeiçoamento e atuando na prática.

É um pensamento comum associar o professor ou técnico de xadrez a pessoas de extrema inteligência, entendendo-se que, para ensinar xadrez, é preciso ser um excelente jogador ou um "crânio" no assunto, mas essa é apenas uma crendice popular. Seria o mesmo que determinar que, para ser um ótimo técnico de basquetebol, o sujeito tivesse de ter mais que 1,90 m de altura, o que não faz nenhum sentido.

Esta obra tem como objetivo justamente quebrar esses paradigmas e capacitar futuros profissionais e professores de educação física para o trabalho com o ensino e a prática do xadrez tanto no contexto escolar quanto no contexto esportivo de torneios e competições.

Não há a pretensão de formar jogadores profissionais de xadrez, e sim de "ensinar a ensinar", mediante a abordagem de conteúdos e ferramentas que permitam ao futuro profissional ou professor de educação física (e a qualquer interessado) fomentar a prática do xadrez e a exploração de suas qualidades pedagógicas, cognitivas e sociais em todos os contextos.

A organização da obra corresponde a uma sequência lógica de ensino e prática do xadrez. No Capítulo 1, são abordados os aspectos sociais e históricos do xadrez, sendo examinadas a história de seu surgimento e sua aplicação e utilização em diferentes contextos, como a educação, o lazer e a competição. No Capítulo 2, o leitor é apresentado ao campo de batalha – o tabuleiro – e às peças, iniciando a aprendizagem de como estas se movimentam pelo jogo. O Capítulo 3 contempla os princípios e conceitos da primeira fase do jogo de xadrez, a abertura. No Capítulo 4, o leitor é convidado a se aprofundar na fase mais longa e complexa desse esporte, o meio de jogo, com seus golpes táticos e estratégias. O Capítulo 5 aborda os cálculos necessários para se jogar um bom final, além de apresentar dicas imprescindíveis para se obter uma vitória na partida. Por fim, o Capítulo 6 descreve as qualidades e possibilidades do uso do xadrez na escola, com a proposição de atividades, jogos pré-desportivos e orientações para a organização de pequenos torneios.

Desejamos ao leitor uma excelente e prazerosa viagem pelo universo encantador de reis, damas, bispos, torres, cavalos e peões, capazes de proporcionar tantos benefícios aos que têm a oportunidade de praticar o jogo de xadrez.

Como aproveitar ao máximo este livro

Empregamos nesta obra recursos que visam enriquecer seu aprendizado, facilitar a compreensão dos conteúdos e tornar a leitura mais dinâmica. Conheça a seguir cada uma dessas ferramentas e saiba como estão distribuídas no decorrer deste livro para bem aproveitá-las.

Introdução do capítulo

Logo na abertura do capítulo, informamos os temas de estudo e os objetivos de aprendizagem que serão nele abrangidos, fazendo considerações preliminares sobre as temáticas em foco.

Curiosidade

Nestes boxes, apresentamos informações complementares e interessantes relacionadas aos assuntos expostos no capítulo.

Preste atenção!

Apresentamos informações complementares a respeito do assunto que está sendo tratado.

Importante!

Os elementos do plano estratégico no xadrez são: jogada, manobra e combinação.

Silva (2004) define esses três elementos:

1. **Jogada** – Pode ser classificada em jogada ativa (conduz ao desenvolvimento do plano próprio), jogada passiva (tende a impedir o desenvolvimento do plano do adversário) e jogada de espera (permite uma atitude de espera em posições pouco claras para forçar o adversário a revelar suas intenções, sem debilitar a própria posição).
2. **Manobra** – Consiste no reagrupamento das peças para aumentar sua efetividade ou melhorar o jogo de conjunto.
3. **Combinação** – É a variante forçada, com sacrifício de material, que conduz a um resultado positivo. Um sacrifício é a oferta voluntária de material (peças) em troca de espaço (casas), tempo (jogadas), melhor estrutura de peões ou material superior (peças de maior valor do que a peça sacrificada).

1.3 Xadrez como atividade de lazer

Há vários conceitos e definições para o termo lazer. De forma geral, segundo Christofoletti (2007), o lazer pode ser entendido como a vivência de atividades de opção pessoal que possibilite o prazer e o aprimoramento do estilo de vida, resultando em benefícios sociais, físicos e psíquicos.

O xadrez é caracterizado inicialmente como um jogo e, como tal, teria relação direta com o lazer. Mas pare e pense: certamente, você já ouviu várias vezes pessoas dizendo: "Ah, xadrez não é para mim. Não tenho paciência!" ou "Esse jogo é só para pessoas extremamente inteligentes, o que não é o meu caso".

Importante!

Algumas das informações centrais para a compreensão da obra aparecem nesta seção. Aproveite para refletir sobre os conteúdos apresentados.

Além disso, o retorno financeiro relativo a patrocínios é bem difícil, principalmente no Brasil. Como o xadrez ainda não atrai um grande público de torcedores ou apreciadores do esporte em suas competições, as empresas não veem retorno suficiente que justifique um investimento em atleta ou equipe, em especial quando se faz a comparação com outros esportes como o futebol ou o voleibol, que já são consagrados no país e têm grande penetração e destaque nos veículos de comunicação.

Uma vez que, para atingir um nível de ranqueamento suficiente para se tornar um jogador profissional, é necessária a participação em muitos torneios locais, regionais, nacionais e internacionais e essas participações requerem um alto investimento com inscrições, deslocamentos, hospedagem e alimentação, muitos promissores talentos acabam ficando pelo caminho por falta de condições financeiras para atingir a profissionalização.

Apesar de ser um jogo milenar, como já mencionamos, o xadrez como esporte é uma atividade mais recente. No entanto, é possível, sim, "viver do xadrez", seja como jogador profissional, seja como técnico da modalidade. Vamos nos aprofundar um pouco mais na estrutura do xadrez como esporte tratando da Federação Internacional de Xadrez (FIDE) e da Confederação Brasileira de Xadrez (CBX).

Indicação cultural

O GAMBITO da rainha. Criação: Scott Frank e Allan Scott. Netflix, 2020. 7 episódios.

Conheça um pouco do universo do xadrez competitivo assistindo a essa série, que conta a história de uma garota-prodígio do xadrez. Em um orfanato nos anos 1950, ela luta contra o vício em uma jornada improvável para se tornar a número 1 do mundo.

Indicações culturais

Para ampliar seu repertório, indicamos conteúdos de diferentes naturezas que ensejam a reflexão sobre os assuntos estudados e contribuem para seu processo de aprendizagem.

Síntese

Ao final de cada capítulo, relacionamos as principais informações nele abordadas a fim de que você avalie as conclusões a que chegou, confirmando-as ou redefinindo-as.

Atividades de autoavaliação

Apresentamos estas questões objetivas para que você verifique o grau de assimilação dos conceitos examinados, motivando-se a progredir em seus estudos.

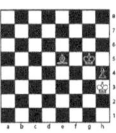

Atividades de aprendizagem

Aqui apresentamos questões que aproximam conhecimentos teóricos e práticos a fim de que você analise criticamente determinado assunto.

Bibliografia comentada

Nesta seção, comentamos algumas obras de referência para o estudo dos temas examinados ao longo do livro.

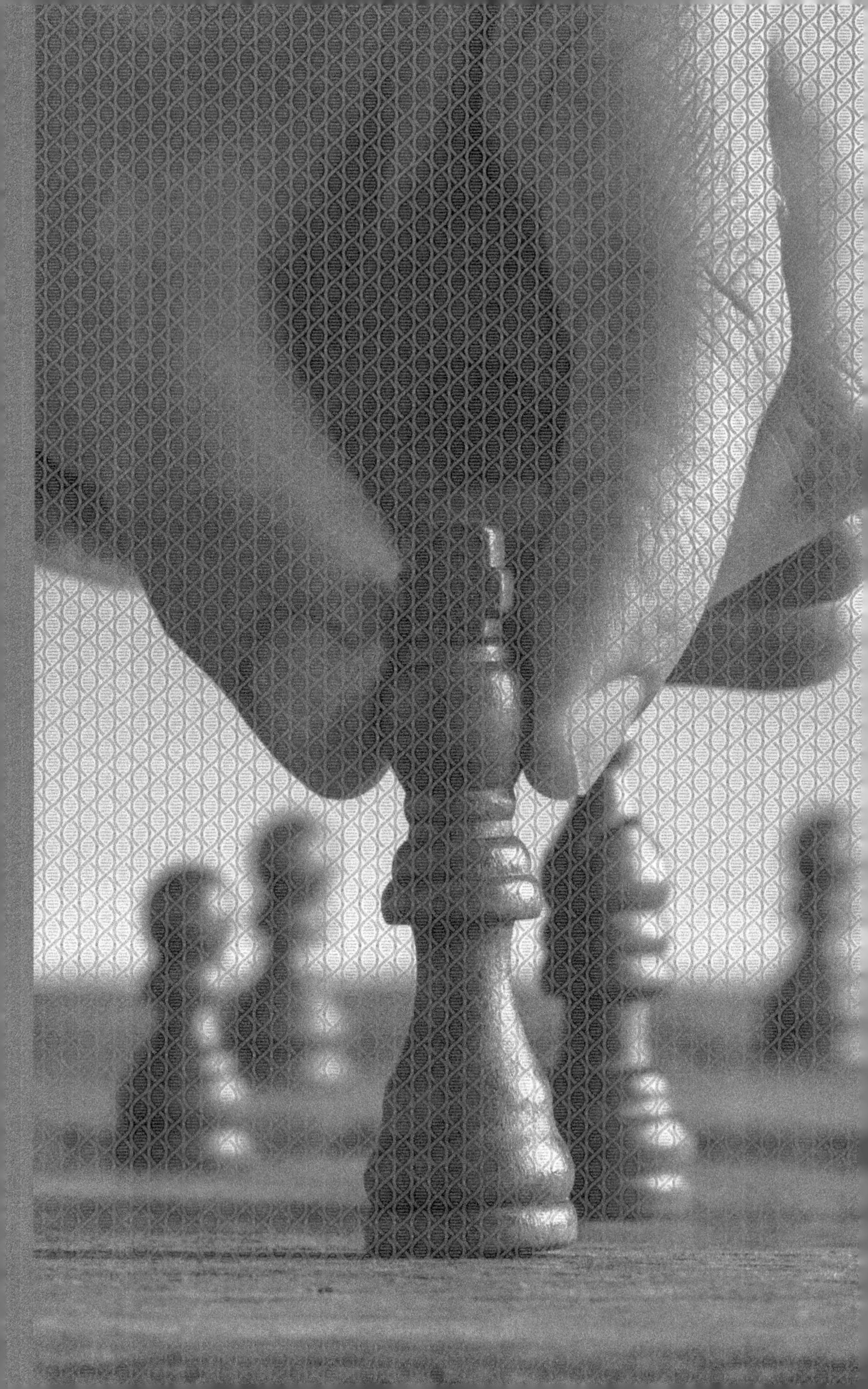

Capítulo 1

O jogo de xadrez em diferentes contextos

Fernanda Letícia de Souza

O **xadrez** está entre os esportes mais praticados no mundo. De acordo com a ONU News (Nações Unidas, 2021), estima-se que, atualmente, cerca de 605 milhões de adultos pratiquem xadrez regularmente em todo o planeta. A cada dia que passa, a modalidade ganha espaço nos cenários mundial e nacional, deixando de ser um esporte de elite para se tornar amplamente utilizado com finalidade social e pedagógica, além da competitiva. Isso se deve, principalmente, às qualidades pedagógicas e cognitivas desse jogo, capaz de desenvolver em seus praticantes habilidades como o raciocínio lógico, a concentração, a aprendizagem, a imaginação e a criatividade.

Para a compreensão da dimensão abrangida por esse esporte, é necessário entender os diferentes contextos em que o jogo está inserido e é utilizado. Neste capítulo, você compreenderá o cenário sócio-histórico em que o xadrez foi concebido, suas principais qualidades pedagógicas e sua aplicabilidade nas diversas faixas etárias e sua função como esporte de competição e graduação de jogadores.

1.1 Aspectos sócio-históricos do xadrez

Há muitas versões na literatura para o surgimento inicial do xadrez. China e Egito são citados por alguns pesquisadores como possíveis berços desse esporte milenar. A maioria dos historiadores, no entanto, parece ter chegado ao consenso de que o surgimento do xadrez ocorreu na Índia (Carvalho, 2019).

Entre as muitas versões da história do xadrez, a mais aceita e conhecida envolve um brâmane indiano chamado Sissa, que teria inventado o jogo a pedido do Rajá (rei) Bahlait, entre os anos 600 e 700 d.C. (Carvalho, 2019).

De acordo com Carvalho (2019), o rei chamou o sábio Sissa, de sua corte localizada no noroeste da Índia, e solicitou a ele que criasse um jogo capaz de revelar valores e qualidades humanas como a prudência, a previdência e o conhecimento.

Depois de muito pensar, Sissa levou ao rajá um tabuleiro muito parecido com o utilizado atualmente no jogo de xadrez e peças que representavam elementos do exército indiano na época: carros de guerra, elefantes e soldados de infantaria, liderados por um rei e seu vizir (ministro nomeado pelo soberano de um reino). Sissa explicou ao rei que havia escolhido a guerra como modelo para a criação do jogo porque nada mais efetivo do que esse tipo de batalha para ensinar o valor de uma decisão tomada, além do vigor, da resistência e da coragem (Carvalho, 2019).

Ao jogo foi dado o nome de *chaturanga*, que, em sânscrito, significa "os quatro elementos de um exército". Na Figura 1.1, podemos observar uma representação do jogo que deu origem ao xadrez.

Figura 1.1 Representação do jogo chaturanga

Em sua versão original como chaturanga, o jogo era disputado por quatro jogadores: o exército vermelho simbolizava o fogo; o exército verde, a água; o exército preto, a terra; e o exército amarelo, o ar (Carvalho, 2019).

Curiosidade

Segundo a BBC News Brasil (O que são..., 2020), o sistema de castas da Índia está entre as formas mais antigas de estratificação social. Esse sistema divide os hindus em grupos hierárquicos baseados no *karma* (trabalho) e no *dharma* (dever). Acredita-se que os grupos se originaram de Brahma, o deus hindu da criação:

1. no topo da ordem hierárquica estavam os brâmanes, que eram principalmente professores e intelectuais e descendentes de Brahma;

2. depois vieram os *kshatriyas*, ou os guerreiros e governantes, supostamente originados dos braços de Brahma;
3. na sequência surgiram os *vaishyas*, ou mercadores, criados a partir das coxas de Brahma;
4. por último, os *shudras*, originados dos pés de Brahma e que faziam todos os trabalhos braçais.

Conta a história que, assim que percebeu a qualidade do jogo criado, o Rajá Bahlait quis imediatamente presentear o brâmane Sissa e perguntou o que este queria em troca por tão maravilhosa invenção. O sábio então pediu ao rei um grão de trigo para a primeira casa do tabuleiro, dois grãos de trigo para a segunda casa, quatro grãos de trigo para a terceira casa e assim por diante, sempre duplicando a quantidade de grãos até a última casa (Carvalho, 2019).

Segundo Carvalho (2019), o resultado foi a impressionante quantidade de **18.446.744.073.709.551.615** (18 quintilhões, 446 quadrilhões, 744 trilhões, 73 bilhões, 709 milhões, 551 mil e 615) grãos de trigo, número que hoje em dia é utilizado como forma de demonstrar as inúmeras possibilidades e combinações que o xadrez apresenta aos seus jogadores.

Da Índia, o jogo passou pela China e seguiu para a Pérsia, região na qual, a partir da palavra persa *shah*, que significa "rei", adquiriu o nome de *xadrez*. Da Pérsia, expandiu-se para o mundo islâmico, provavelmente entre 650 e 750, tendo seu nome alterado para *chatrang* e, depois, para *shatranj* pelos árabes, que tomaram o jogo dos persas. Espalhou-se rápido pela Ásia, chegando à Europa durante as cruzadas, por volta dos séculos X e XI, com fomentação inicial na Espanha, na Itália, na França, na Escandinávia e na Inglaterra (Carvalho, 2019).

Foi somente na Europa do século XV que o esporte ganhou as regras e o formato das peças de hoje, retratando o sistema de monarquia da época com reis, rainhas, bispos, cavalos, torres e peões. Dependendo do idioma, as peças podem mudar de nome. O rei deixa de ser o xá (grafia em português de *shah* – palavra persa mencionada anteriormente), e a rainha ou dama toma o lugar do grão-vizir. O bispo conserva sua forma de *al-fil* – que, em árabe, significa "elefante" – em alguns países, como Espanha e Itália, com as grafias *alfil* e *alfiere*, respectivamente. *Bispo* em português e *bishop* em inglês já demonstram a influência do catolicismo e o início das cruzadas nos países com esses idiomas (Carvalho, 2019).

O xadrez dos cristãos não podia ser igual ao xadrez dos mouros, considerados infiéis. Assim, por força da cultura e da religião, não somente o nome das peças mudou em alguns idiomas europeus como também sua movimentação (como no caso dos bispos, dos peões e da dama), que foi ampliada até se chegar às regras que conhecemos e utilizamos atualmente (Carvalho, 2019).

Curiosidade

O xadrez é o único jogo que tem uma deusa: Caíssa. Ela é a inspiradora dos Grandes Mestres e a esperança dos jogadores inexperientes, popularmente conhecidos como *capivaras*.

Entre as variantes existentes do jogo, a europeia foi a que mais se destacou, em virtude principalmente da rapidez proporcionada pela inclusão da dama e do bispo no jogo, sendo a versão que persiste até os dias de hoje.

1.2 Qualidades pedagógicas do xadrez no contexto educacional

O xadrez é considerado um "jogo difícil", assim como seus jogadores de destaque são vistos como pessoas com um nível de inteligência superior.

A própria história do xadrez demonstra o porquê do misticismo em torno do esporte, já que explica que seu surgimento teve relação com a solicitação de um rei para a criação de um jogo que proporcionasse a aquisição de valores como a previdência e o conhecimento.

Mas será que o xadrez tem de fato qualidades pedagógicas capazes de melhorar o desenvolvimento cognitivo e social dos jogadores?

Apesar de ser um jogo bem antigo, pesquisas em torno das qualidades psicológicas do xadrez começaram a ganhar força mais recentemente. De acordo com Silva (2004), uma das pesquisas mais importantes foi a de Cleveland, que, em 1907, analisou psicologicamente tanto o jogo quanto seu processo de aprendizagem. O pesquisador concluiu que o desenvolvimento das habilidades necessárias para a aprendizagem do jogo de xadrez passa por cinco estágios:

1. aprendizagem do nome e do movimento das peças, que devem ser memorizados para a obtenção de sucesso no desenvolvimento do jogo;
2. movimentos individuais de ataque e defesa sem um objetivo definido, quando o iniciante joga apenas com o intuito de capturar as peças do adversário;
3. relação entre as peças, iniciando a compreensão do valor dos grupos e do valor individual das peças como partes de grupos particulares;
4. planejamento consciente do desenvolvimento sistemático das peças;
5. alcance do estágio do "sentido posicional", que consiste no ápice do desenvolvimento enxadrístico homogêneo, resultado da experiência de valorar diferentes posições.

Outra pesquisa de destaque, que merece ser citada e que é ressaltada por Silva (2004) em sua tese de mestrado intitulada

Processos cognitivos no jogo de xadrez, foi realizada pelos psicólogos russos Diakov, Rudik e Pietrovski em um torneio internacional de xadrez ocorrido em Moscou, em 1925. Ao analisarem mestres enxadristas participantes desse torneio, os pesquisadores observaram e destacaram as seguintes características: 1) autocontrole; 2) habilidade em distribuir a atenção por muitos fatores; 3) habilidade em perceber relações dinâmicas; 4) uma mentalidade contemplativa; 5) um alto nível de desenvolvimento intelectual; 6) habilidade para pensar concretamente; 7) habilidade para pensar objetivamente; 8) uma memória poderosa para assuntos de xadrez; 9) capacidade para pensamento sintético e imaginação; 10) habilidade combinativa; 11) vontade e emoções disciplinadas; 12) uma inteligência muito ativa; 13) autoconfiança.

Essas pesquisas foram um marco inicial para muitas que vieram na sequência e que têm trazido dados de comprovação das inúmeras qualidades proporcionadas pela prática do xadrez em qualquer faixa etária.

Uma vitória no xadrez requer principalmente análise, estratégia e criatividade associadas, uma combinação que, com o treino e a prática, desenvolve nos jogadores muitas habilidades cognitivas.

De acordo com Prado, Silva Filho e Abrahão (2016), entre essas habilidades, podemos destacar as seguintes:

- **Maior desenvoltura na tomada de decisões** – Durante o jogo, um jogador precisa tomar decisões que mudarão o rumo da partida, seja para pior, seja para melhor. Assim, é necessário pensar de forma crítica, buscando sempre a melhor jogada possível, o que desenvolve o poder de análise das consequências e a responsabilidade por seus atos e decisões.
- **Disciplina** – Com a necessidade de tomar repetidas decisões durante uma partida de xadrez, o jogador aprende a analisar situações e a fazer escolhas de forma mais

equilibrada em sua vida, uma vez que atitudes tomadas sem pensar trazem consequências nada agradáveis. Desse modo, o xadrez auxilia no processo de pensar antes de agir e ponderar as consequências da realização de determinada ação (fazer certo lance), tornando seus praticantes pessoas mais disciplinadas.

- **Capacidade de raciocínio** – No início do processo de aprendizagem do xadrez, com a assimilação somente dos movimentos das peças e das regras básicas, o raciocínio ainda é bem lento. Com a inserção de novos conhecimentos de técnica e tática do jogo, o raciocínio progressivamente se torna mais rápido e eficaz.

O xadrez, por ser um jogo, é classificado como uma atividade lúdica, proporcionando diversão em sua prática, e de caráter profundamente intelectual, possibilitando combinações. Diversos estudos demonstram que é, também, uma poderosa ferramenta educativa, reforçando tanto habilidades cognitivas quanto habilidades sociais.

D'Lucia et al. (2007) destacam em seu estudo as implicações educativas associadas à prática do xadrez:

- A necessidade de concentração durante a partida possibilita o desenvolvimento do autocontrole do praticante.
- A movimentação de peças após longas e cansativas análises de lances seguintes e possíveis combinações e variações propicia o aprimoramento da capacidade relacionada a um pensamento abrangente e profundo.
- A procura de um lance melhor mesmo depois de ter encontrado um lance que parece bom desenvolve o empenho pelo progresso contínuo.
- A elaboração de uma conclusão brilhante a partir de uma posição equilibrada estimula a criatividade e a imaginação.

- A indicação de quem tinha o melhor plano de acordo com o resultado da partida desenvolve o respeito pelo outro e o autoconhecimento.
- A escolha de uma única jogada, entre várias opções analisadas, sem ajuda externa, possibilita o desenvolvimento da capacidade para o processo de tomada de decisões com autonomia.
- A necessidade de um lance ser obrigatoriamente consequência lógica do anterior e indicar o seguinte aprimora o pensamento e a execução lógicos, a autoconsistência e a fluidez do raciocínio.

Quanto às habilidades sociais, a maioria dos estudos aponta o desenvolvimento da sociabilidade (relação com o outro), da autoconfiança, da aceitação de pontos de vista diversos e da compreensão de limites, tanto próprios quanto do outro. Como a aprendizagem do xadrez acontece de forma individual e de acordo com as características e o ritmo de cada praticante, o aprimoramento do autoconhecimento e da autoaceitação é desenvolvido paralelamente às habilidades do jogo. Além disso, por ser um jogo sem limite de idade e possibilitar a interação entre diferentes gerações, melhora a autoestima e a habilidade de resolução de conflitos por meio do diálogo consciente.

Preste atenção

D'Lucia et al. (2007), em um estudo aplicado com o ensino de xadrez para crianças na faixa etária de 5 anos e 6 meses a 7 anos matriculadas em quatro pré-escolas do município de Bauru, inseridas em contextos socioeconômicos diferentes, apresentaram as seguintes conclusões, após cinco anos de aplicação do projeto:

> As crianças têm compreendido que as peças no xadrez não têm valores absolutos e [...] que devemos controlar a posição das demais peças, tanto as próprias quanto as do adversário.

> *Observa-se que a coordenação motora das crianças também sofre influência positiva com o aprendizado do jogo que exige o deslocamento das peças sobre um tabuleiro de maneira ordenada. Além disso, as crianças têm colocado em prática aquisições que fez [sic] durante sua vida, jogando atendo-se às regras e abandonando a arbitrariedade que governava seus jogos.*
>
> *Dessa forma, nos parece que o ensino do jogo de xadrez tem se tornado um aliado, constituindo cada vez mais um instrumento facilitador e eficaz para o desenvolvimento social das crianças envolvidas.* (D'Lucia et al., 2007, p. 103)

É importante ressaltar que a relevância do xadrez como ferramenta pedagógica se dá, principalmente, pelo fato de ser um jogo em que vence aquele que desenvolve o melhor plano, ou seja, é um esporte de técnica e tática, como os demais, mas no qual a estratégia tem um peso muito maior.

Numa partida de xadrez, o plano pode ser definido como o conjunto de operações estratégicas sucessivas, aplicadas de acordo com ideias surgidas a partir das exigências da situação criada no tabuleiro. Dessa forma, um plano não pode basear-se na genialidade de um jogador (como já se acreditou), mas na posição das peças sobre o tabuleiro por meio de avaliação.

A base de um plano bem-sucedido deve ser sempre a avaliação das sucessivas posições e problemas que se formam no tabuleiro ao longo de uma partida. É essa necessidade de análise, avaliação e resolução que faz do xadrez uma excelente ferramenta pedagógica e educativa.

> **Importante!**
>
> Os elementos do plano estratégico no xadrez são: jogada, manobra e combinação.
>
> Silva (2004) define esses três elementos:
>
> 1. **Jogada** – Pode ser classificada em jogada ativa (conduz ao desenvolvimento do plano próprio), jogada passiva (tende a impedir o desenvolvimento do plano do adversário) e jogada de espera (permite uma atitude de espera em posições pouco claras para forçar o adversário a revelar suas intenções, sem debilitar a própria posição).
> 2. **Manobra** – Consiste no reagrupamento das peças para aumentar sua efetividade ou melhorar o jogo de conjunto.
> 3. **Combinação** – É a variante forçada, com sacrifício de material, que conduz a um resultado positivo. Um sacrifício é a oferta voluntária de material (peças) em troca de espaço (casas), tempo (jogadas), melhor estrutura de peões ou material superior (peças de maior valor do que a peça sacrificada).

1.3 Xadrez como atividade de lazer

Há vários conceitos e definições para o tema *lazer*. De forma geral, segundo Christofoletti (2007), o lazer pode ser entendido como a vivência de atividades de opção pessoal que possibilite o prazer e o aprimoramento do estilo de vida, resultando em benefícios sociais, físicos e psíquicos.

O xadrez é caracterizado inicialmente como um jogo e, como tal, teria relação direta com o lazer. Mas pare e pense: certamente, você já ouviu várias vezes pessoas dizendo: "Ah, xadrez não é para mim. Não tenho paciência!" ou "Esse jogo é só para pessoas extremamente inteligentes, o que não é o meu caso".

Engana-se quem acredita que não é capaz de aprender o xadrez ou que é impossível divertir-se jogando esse jogo milenar. O xadrez carrega em si inúmeras possibilidades e qualidades que proporcionam excelentes momentos de lazer.

Mas xadrez não é um esporte com torneios e competições importantes no calendário? A resposta é "sim", também, o que não impede que seja jogado pelo simples prazer de se disputar uma partida, sem compromisso de vitória.

Para entendermos um pouco melhor esse aspecto do xadrez, vejamos o conceito de *jogo*. No *Dicionário Michaelis On-line* (Jogo, 2022), o vocábulo *jogo* refere-se à ideia de brincadeira, divertimento ou exercício de crianças, no qual elas colocam à prova suas habilidades, destrezas ou astúcia, representando puro passatempo.

Assim, se considerarmos o jogo de xadrez, podemos dizer que ele pode ser praticado como jogo, para divertimento e lazer, ou como esporte, com finalidades competitivas. É possível ensinar e jogar xadrez com finalidade pedagógica, buscando auxiliar no desenvolvimento de algumas capacidades cognitivas da criança ou do adolescente, bem como praticar o jogo com prazer, sem esperar retorno imediato. Pode-se, ainda, praticar o xadrez diretamente no âmbito do lazer, na busca espontânea pelo prazer e pelo entretenimento. Quando o objetivo passa a ser a vitória em campeonatos e torneios, o xadrez se torna competitivo e perde o valor de jogo, passando a ser classificado como esporte, no qual há um árbitro que se responsabiliza pela tomada de decisão sobre a partida.

Temos no Brasil muitos adeptos do jogo de xadrez como forma de lazer. É comum, em todas as regiões do país, encontrarmos praças com mesas de concreto contendo, em seu centro, o desenho do tabuleiro de xadrez, nas quais diversas pessoas aproveitam para passar uma manhã ou tarde de diversão, compartilhando seu conhecimento sobre o jogo e disputando partidas intermináveis, já que o uso do relógio, que delimita o tempo de uma partida, fica mais restrito a campeonatos e torneios.

Há algumas variantes do jogo de xadrez usadas para o lazer. Uma delas é o chamado *xadrez relâmpago*, no qual se utiliza o relógio de xadrez para delimitar o tempo de 5 minutos ou menos para cada jogador, elevando o nível de adrenalina dos praticantes e deixando a partida muito mais dinâmica, divertida e bem diferente dos torneios silenciosos que são mostrados pela mídia.

Outra prática muito disseminada para brincar no contexto do lazer é o que denominamos *xadrez australiano*. Suas regras serão detalhadamente explicadas no Capítulo 6, quando serão abordados jogos pré-desportivos no xadrez, mas cabe esclarecer, de forma resumida, que nessa modalidade o jogo é disputado em um sistema de duplas contra duplas e as peças que são capturadas por um dos jogadores da dupla são entregues ao seu parceiro e vice-versa, podendo ser recolocadas nas partidas.

No contexto do lazer, não se observa a divisão por faixa etária ou por nível de conhecimento, permitindo-se a interação entre diferentes gerações. Os jogadores aprendem e praticam para passar um tempo agradável, jogando sem o compromisso de realizar lances fundamentados em longas análises ou buscar a vitória na partida. Os praticantes jogam pelo simples prazer que o jogo proporciona.

Você já ouviu a expressão *aprender brincando*? Essa é umas das maiores características do xadrez utilizado como ferramenta de lazer.

1.3.1 Xadrez como lazer para crianças

No ambiente escolar, o jogo de xadrez pode ser trabalhado em aulas extracurriculares, ou seja, no contraturno escolar, como atividade opcional em que integram a turma apenas crianças que realmente querem aprender a jogar xadrez e escolhem a atividade voluntariamente. Outra opção são aulas e atividades em clubes de xadrez. Muitas cidades dispõem de um clube de xadrez que oferece atendimento para crianças que se interessam pelo jogo.

Seja na escola, seja no clube, sempre que não há obrigatoriedade na prática – pela integração ao currículo escolar –, o xadrez é aplicado inicialmente como forma de lazer e diversão para as crianças, porém, por suas qualidades inerentes, a prática acaba promovendo o desenvolvimento de habilidades cognitivas, e a descoberta de talentos pode transformar o jogo em esporte, com a inserção da criança em competições.

Quando trabalhado como atividade opcional e de lazer, o objetivo principal do ensino de xadrez para crianças é difundir o esporte, desenvolver habilidades cognitivas e a socialização, além de estimular uma atividade saudável e propiciar lições de vida que contribuam com o desenvolvimento dos praticantes. De acordo com Christofoletti (2007), por meio do aprendizado do xadrez, é possível desenvolver o intelecto e gerar uma experiência significativa com uma modalidade esportiva aplicada no contexto do lazer, aprimorando-se as capacidades de memorização, de raciocínio e, até mesmo, de compreensão da complexidade da vida. Muitas situações vivenciadas no tabuleiro podem ser transportadas para o cotidiano, como a análise de lances, a escolha do melhor lance a ser realizado e a responsabilização pelas consequências dessa escolha.

Além disso, é na infância que o aprender brincando se faz ainda mais importante e, com isso, a prática do xadrez como atividade de lazer proporciona inúmeros benefícios. Segundo Christofoletti (2007, p. 80), por meio da brincadeira,

> *é possível o desenvolvimento da identidade e da autonomia, uma vez que as crianças, ao perceberem as diferentes formas de pensar e agir, podem comparar aquilo que é seu e aquilo que é do outro, tendo a possibilidade de incluir essas semelhanças e diferenças na construção de sua personalidade.*

Quando falamos em jogo, caso do xadrez praticado como atividade de lazer, o vínculo entre o prazer e a motivação favorece uma dinâmica de ação capaz de estabelecer uma compreensão da regra sob uma nova perspectiva e impulsionar a vontade de realização. A utilização da ludicidade permite criar um ambiente atraente e gratificante, que estimula expectativas de superação na criança e possibilita seu desenvolvimento integral.

1.3.2 Xadrez como lazer para idosos

A chegada da terceira idade traz consigo, além da experiência, uma série de declínios decorrentes do desgaste fisiológico do corpo humano. Carneiro e Andrade (2021) mostram em seu estudo que a parte cognitiva é severamente afetada, ocorrendo acentuado declínio nas tarefas que exigem rapidez, atenção, concentração e raciocínio indutivo após os 60 anos de idade. Processos orgânicos associados às limitações do funcionamento sensorial e do processamento de informações também sofrem declínio significativo e gradual a partir dos 70 anos de idade, acarretando prejuízo das funções cognitivas.

De acordo com Carneiro e Andrade (2021, p. 4), as funções cognitivas envolvem "as atividades mentais relacionadas ao processamento, conhecimento, recordação e comunicação", além da produção de respostas "às solicitações e estímulos externos e a sua integração a experiências anteriores". Criar formas para enriquecer e estimular as funções cognitivas do idoso é necessário para que ele possa viver essa fase da vida com qualidade e autonomia.

Assim, o xadrez se apresenta como uma excelente ferramenta e opção de lazer para a terceira idade, já que jogos de tabuleiro propiciam benefícios como a proteção contra o declínio cognitivo, a prevenção de doenças neurodegenerativas e estimulação da socialização.

No que diz respeito a estímulos cognitivos, jogar partidas de xadrez como forma de diversão e entretenimento pode proporcionar "intervenções em relação à memória, à flexibilidade mental e ao controle inibitório", conforme indica um estudo conduzido por Carneiro e Andrade (2021, p. 8).

Segundo Sternberg, citado por Carneiro e Andrade (2021, p. 9), a memória

> refere-se aos mecanismos dinâmicos associados ao armazenamento, retenção e recuperação de informações sobre experiências passadas para usá-las no presente, sendo dividida em informação armazenada por um longo tempo (memória de longo prazo), informação armazenada por um curto período (memória de curto prazo) e informação armazenada temporariamente durante a execução de uma tarefa (memória de trabalho).

No xadrez, há um armazenamento de informações de longo prazo que se referem às regras do jogo (movimentos das peças, objetivo do jogo), e a memória de trabalho é fundamental, pois a cada jogada o participante precisa recuperar informações passadas e aplicá-las no presente, considerando os planos de jogo e os elementos táticos.

A flexibilidade mental é trabalhada em situações específicas do jogo de xadrez, quando a regra geral não pode ser aplicada, sendo necessário encontrar a melhor jogada para uma posição, como a promoção de peões para peças diferentes da dama, a captura *en passant* (captura de passagem do peão) ou o sacrifício de peça de grande valor (como dama e torre) (Carneiro; Andrade, 2021).

Como explicam Carneiro e Andrade (2021, p. 10), o controle inibitório é a "capacidade do indivíduo para inibir respostas inadequadas ou respostas a estímulos distratores". Durante uma partida de xadrez, o controle inibitório é trabalhado quando o jogador deve "inibir um lance impulsivo, por exemplo, o ganho material evidente, como a captura de uma peça, para buscar vantagens maiores, como dar um xeque-mate" (Carneiro; Andrade, 2021, p. 10).

Quanto aos benefícios relativos à socialização, além de possibilitar um convívio mais intenso com os outros idosos durante as partidas, o xadrez pode se transformar em um fator de aproximação com netos por meio do ensino das regras e da disputa de partidas em tardes de lazer recheadas de histórias de vida e comentários sobre os lances, conforme comprovam Carneiro e Andrade (2021) em seu estudo sobre xadrez e idosos.

1.4 O esporte xadrez – torneios e federações

Já vimos que o xadrez pode ser amplamente utilizado com finalidades pedagógicas e como ferramenta de lazer, mas você sabia que esse jogo também é um esporte com jogadores profissionais, federações e confederações?

Como esporte, o xadrez dispõe de uma organização que inicia nos clubes de xadrez nas cidades, com a promoção de torneios de iniciação e campeonatos locais, passa pelas federações estaduais e pela confederação nacional e chega à federação internacional, que regulamenta e rege toda a modalidade e o ranqueamento dos jogadores.

De acordo com Christofoletti (2007), o xadrez em âmbito competitivo é mais restritivo quanto à participação, acabando por abranger uma parcela da comunidade mais privilegiada, no que diz respeito tanto aos aspectos cognitivos quanto à infraestrutura básica para se frequentar um clube ou escola de xadrez, já que o tempo destinado aos treinamentos é bastante elevado e é preciso ter muita dedicação.

Além disso, o retorno financeiro relativo a patrocínios é bem difícil, principalmente no Brasil. Como o xadrez ainda não atrai um grande público de torcedores ou apreciadores do esporte em suas competições, as empresas não veem retorno suficiente que justifique um investimento em atleta ou equipe, em especial quando se faz a comparação com outros esportes como o futebol ou o voleibol, que já são consagrados no país e têm grande penetração e destaque nos veículos de comunicação.

Uma vez que, para atingir um nível de ranqueamento suficiente para se tornar um jogador profissional, é necessária a participação em muitos torneios locais, regionais, nacionais e internacionais e essas participações requerem um alto investimento com inscrições, deslocamentos, hospedagem e alimentação, muitos promissores talentos acabam ficando pelo caminho por falta de condições financeiras para atingir a profissionalização.

Apesar de ser um jogo milenar, como já mencionamos, o xadrez como esporte é uma atividade mais recente. No entanto, é possível, sim, "viver do xadrez", seja como jogador profissional, seja como técnico da modalidade. Vamos nos aprofundar um pouco mais na estrutura do xadrez como esporte tratando da Federação Internacional de Xadrez (FIDE) e da Confederação Brasileira de Xadrez (CBX).

Indicação cultural

O GAMBITO da rainha. Criação: Scott Frank e Allan Scott. Netflix, 2020. 7 episódios.

Conheça um pouco do universo do xadrez competição assistindo a essa série, que conta a história de uma garota-prodígio do xadrez. Em um orfanato nos anos 1950, ela luta contra o vício em uma jornada improvável para se tornar a número 1 do mundo.

1.4.1 Federação Internacional de Xadrez (FIDE)

De acordo com Carvalho (2019), após a expansão do xadrez, com a chegada do jogo à Europa no século XV, torneios começaram a ser organizados e disputados em todo o mundo. No entanto, foi somente depois do torneio de São Petersburgo, ocorrido em 1914, que surgiu a necessidade de criar uma federação internacional para regulamentar e reger o esporte xadrez.

As discussões em torno do assunto culminaram com a fundação da FIDE, em 20 de julho de 1924, na cidade de Paris. Atualmente com sede na Suíça, a FIDE é uma organização internacional que conecta as diversas federações nacionais de xadrez e atua como órgão dirigente e regulador das competições internacionais do esporte. Normalmente é citada e referida por sua sigla em francês, idioma do local de sua fundação – FIDE (Fédération Internationale des Échecs) (Chess.com, 2023).

A FIDE é reconhecida pelo Comitê Olímpico Internacional (COI) como a responsável pela organização do xadrez e dos campeonatos internacionais em níveis continentais. Entre os principais torneios realizados pela FIDE, destacam-se o Campeonato Mundial Feminino de Xadrez e o Campeonato Mundial Masculino de Xadrez, que determinam os jogadores (mulher e homem) número 1 do mundo nesse esporte (Chess.com, 2023).

Como o xadrez ainda não é um esporte que integra o programa olímpico oficial, a modalidade tem uma olimpíada própria, também organizada pela FIDE. Trata-se da Olimpíada Mundial de Xadrez, a qual, diferentemente das olimpíadas convencionais, acontece a cada dois anos e recebe equipes de várias partes do mundo, sendo classificada como um evento esportivo internacional. Não há eliminatórias antes da competição para a conquista de vagas. Cada país estabelece o próprio processo seletivo para convocar suas equipes, tanto a masculina quanto a feminina, sendo que alguns optam pela utilização do *rating* (número que indica a força de um jogador) dos jogadores, enquanto outros, por torneios classificatórios. Todos os países regularmente inscritos na FIDE podem participar do evento, além da equipe olímpica de cegos (International Braille Chess Association – IBCA) e da equipe olímpica de pessoas portadoras de necessidades especiais (International Association of Chess with Physical Disability – IPCA).

Curiosidade

As equipes dos países que disputam as olimpíadas mundiais de xadrez são compostas por, no máximo, cinco jogadores, sendo quatro titulares e um reserva, além da possibilidade de terem um técnico. Os confrontos entre as seleções acontecem pelo sistema suíço de emparceiramento. O país-sede pode ter duas equipes inscritas na competição.

A primeira Olimpíada Mundial de Xadrez, oficialmente organizada pela FIDE, aconteceu em 1927, na cidade de Londres, Inglaterra. De lá até os dias atuais, foram 44 edições desse evento, com a última sediada na cidade de Chennai, Índia, de julho a agosto de 2022. Participaram 188 países, envolvendo aproximadamente 5 mil atletas. O Brasil esteve representado tanto com uma equipe feminina, que terminou a competição na 39ª posição, quanto com uma equipe masculina, que encerrou o evento na 21ª posição. Após a disputa de onze rodadas, o Uzbequistão levou o troféu de campeão na categoria *masculina* e a Ucrânia na categoria *feminina* (44th FIDE CHESS Olympiad2022, 2022a, 2022b).

Segundo dados do *site* da própria FIDE, a federação conta atualmente com 190 países federados. O Brasil ocupa a posição número 32 no *ranking* (classificação) dos países federados. No Quadro 1.1 consta o top 10 dos melhores países ranqueados em janeiro de 2022, levando-se em consideração a média do *rating*.

Quadro 1.1 Os 10 países mais bem ranqueados na FIDE

Posição	Federação	Rating
1	Estados Unidos	2726
2	Rússia	2711
3	Índia	2694
4	China	2689
5	Ucrânia	2663
6	Azerbaijão	2651
7	França	2643
8	Armênia	2635
9	Espanha	2632
10	Holanda	2629

Fonte: FIDE, 2022, tradução nossa.

1.4.2 Confederação Brasileira de Xadrez (CBX)

A entidade que regulamenta e rege o xadrez no Brasil é a CBX, que foi fundada em 6 de novembro de 1924, com o nome de Federação Brasileira de Xadrez, e reconhecida pelo Decreto-Lei n. 3.199 de 14 de abril de 1941 (Brasil, 1941). Atualmente, a entidade é presidida pelo árbitro internacional de xadrez (AI) Máximo Igor Macedo (CBX, 2023).

A CBX é uma associação privada cuja principal atividade é a produção e a promoção de eventos esportivos relacionados ao xadrez. Hierarquicamente, a ela respondem as federações estaduais de xadrez – cada estado do Brasil tem uma federação –, responsáveis pelos campeonatos estaduais. Além disso, cabe à CBX definir e publicar os nomes dos enxadristas profissionais, legalmente aptos e autorizados a atuar em partidas oficiais de xadrez, bem como suas titulações e *ranking* atualizado.

Com a 32ª posição no *ranking* internacional, o Brasil tem uma longa história no xadrez competição, que começa com um trabalho de base realizado nas escolas e clubes de xadrez de todo o país. Os registros dos primeiros campeonatos de xadrez nacionais são de 1927, acompanhando a trajetória do xadrez no mundo (Silva, 2021).

O primeiro campeão brasileiro de xadrez foi João de Souza Mendes Júnior, que, além de amante do xadrez, era médico otorrinolaringologista e sanitarista do Instituto Oswaldo Cruz. No feminino, a primeira disputa nacional aconteceu somente em 1957, consagrando como campeã Dora de Castro Rúbio (Silva, 2021).

Hoje, além dos campeonatos adultos nacionais, a CBX organiza os campeonatos brasileiros de base. Uma vez por ano, o Festival Nacional da Criança (Fenac) determina os melhores enxadristas do Brasil nas categorias *sub-8 anos*, *sub-10 anos*, *sub-12 anos* e *sub 14-anos*, tanto no feminino quanto no absoluto. Para os maiores, é realizado o Festival Nacional da Juventude (Fenaj), que consagra os melhores do país nas categorias *sub-16* e *sub-18 anos*, no feminino e no absoluto.

Curiosidade

No xadrez, os torneios são realizados na categoria *feminino*, na qual somente podem participar mulheres, e na categoria *absoluto*, na qual podem participar tanto homens quanto mulheres. Normalmente, jogam apenas homens na categoria *absoluto*, o que acaba por convencionar essa categoria como masculina. No entanto, algumas jogadoras mulheres, querendo fortalecer seu jogo e melhorar seu ranqueamento, optam por disputar alguns torneios no absoluto, o que é permitido, mas não comum.

1.5 Graduações de jogadores de xadrez

Com o aumento de torneios internacionais de xadrez e a consequente profissionalização de seus jogadores, tornou-se necessária a criação de um sistema classificatório capaz de expressar a força, em números, de um enxadrista. Além disso, as confederações nacionais também passaram a sentir a necessidade de ter um *ranking* de seus principais enxadristas para fins de convocação de suas seleções para as olimpíadas mundiais de xadrez.

A medida da força de um jogador, calculada por meio de fórmulas matemáticas, é chamada de *rating*, palavra do inglês que significa "classificação". Especificamente para o xadrez, o sistema utilizado mundialmente é o de *rating* Elo.

1.5.1 Sistema de *rating* Elo

Segundo o *site* Chess.com, o sistema de *rating* Elo, atualmente utilizado, foi criado pelo físico húngaro-americano Arpad Emrick Elo (1903-1992) – daí o nome do sistema. Além de físico, Arpard Elo era um mestre de xadrez que trabalhou para melhorar a maneira como a Federação de Xadrez dos Estados Unidos media os níveis de habilidade de seus jogadores.

O sistema inventado por ele mede a força relativa de um jogador em comparação com outros jogadores, por meio de cálculos matemáticos que expressam essa força em um valor numérico. O sistema de *rating* Elo foi oficialmente adotado pela Federação de Xadrez dos Estados Unidos da América (EUA) em 1960 e pela FIDE em 1970 (Chess.com, 2022).

Mas como funciona o sistema de *rating* Elo?

Como já explicado, o *rating* Elo de cada jogador é representado por um número que reflete seu desempenho em partidas disputadas anteriormente. Após cada partida disputada, o *rating* é ajustado de acordo com o resultado obtido.

Apesar de ser um número, o sistema de *rating* Elo não mede a força absoluta de um jogador, mas o resultado provável das partidas desse enxadrista contra outros enxadristas. Assim, de um enxadrista com 100 pontos a mais de *rating* que seu adversário são esperadas 5 vitórias em 8 confrontos, ou seja, cerca de 64% de aproveitamento. Quando a diferença de *rating* é de 200 pontos, estima-se que o jogador superior vencerá 3 partidas de 4 disputadas (75% de aproveitamento).

Para aumentar o *rating*, o sistema leva em consideração no cálculo a diferença de *rating* entre os jogadores. Essa diferença determina quantos pontos de *rating* um enxadrista pode ganhar ou perder em uma partida. Como é esperado que o jogador com *rating* mais alto vença, esse jogador não ganhará muitos pontos de *rating* por uma vitória contra um jogador com um *rating* mais baixo, assim como seu adversário (*rating* mais baixo) não perderá uma quantidade significativa de pontos de *rating* pela derrota. Entretanto, quando um enxadrista com *rating* inferior vence um oponente superior, muitos pontos são somados ao *rating* do primeiro. O jogador com maior *rating* é penalizado na mesma proporção pela derrota.

Praticamente todas as confederações e federações de xadrez do mundo, incluindo a FIDE, utilizam o sistema de *rating* Elo, ou uma variação dele, para ranquear seus jogadores e quantificar a força e o nível de jogo de cada um. Por ser um modelo estatístico e matemático, que opera exclusivamente com base nos resultados das partidas disputadas, o sistema de *rating* Elo é muito mais preciso para determinar a probabilidade de vitória de um jogador em uma partida do que um julgamento de força de um enxadrista com base em uma avaliação de elementos subjetivos do jogo, ou em uma análise humana, como a de um técnico, por exemplo.

Curiosidade

De acordo com informações do *site* Chess.com (2022), o Grande Mestre norueguês Magnus Carlsen, campeão mundial e atual número 1 do mundo, detém o recorde do *rating* Elo mais alto já alcançado por um jogador humano.

Em 2014, ele chegou ao impressionante *rating* clássico de 2882 pontos. Em junho de 2020, Carlsen ainda era o jogador com o *rating* mais alto no xadrez clássico e no rápido. Atualmente, seu *rating* clássico é de 2865 pontos, o suficiente para mantê-lo no topo do mundo do xadrez.

1.5.2 Titulação dos jogadores de xadrez

Você já ouviu falar em Mestre ou Grande Mestre de xadrez? Vejamos como são essas titulações e o que é necessário para alcançar esses patamares, considerados os mais altos quando se trata de xadrez competitivo.

Inicialmente, o termo *mestre* era utilizado no xadrez apenas como forma de nomear ótimos jogadores de xadrez, mas não continha o significado de título formal. Apenas por volta do século XIX, com a popularização do xadrez de competição e a inserção de diversos torneios no calendário internacional, é que o posto de mestre passou a ser reconhecido como título, com requisitos específicos para sua obtenção.

As titulações mais conhecidas do xadrez são concedidas e regulamentadas pela FIDE, mas algumas federações nacionais têm títulos específicos, que não são reconhecidos oficialmente pela FIDE.

A seguir, apresentamos as principais titulações do xadrez por ordem de importância.

▪ **Mestre Nacional (titulação de confederação nacional)**

Algumas confederações nacionais de xadrez concedem títulos de mestre nacional a seus melhores enxadristas. Os requisitos para a obtenção dessa titulação variam de confederação para confederação e, por não haver um padrão, esse título não é reconhecido pela FIDE. As confederações nacionais também podem conceder a titulação de mestre nacional em caráter honorário a pessoas proeminentes no xadrez nacional ou que tenham influência política.

▪ **Candidato a Mestre – CM (titulação FIDE)**

Título mais recente criado pela FIDE, essa titulação não requer nenhum requisito específico. Para se candidatar ao título, basta que o enxadrista seja cadastrado na FIDE e tenha, no mínimo, 2200 pontos na lista de *rating* oficial.

▪ **Mestre FIDE – MF (titulação FIDE)**

Não existe nenhuma norma específica para a obtenção desse título. O único requisito é que o enxadrista tenha, no mínimo, 2300 pontos de *rating*.

▪ **Mestre Internacional – MI (titulação FIDE)**

Para alcançar essa titulação, o enxadrista precisa ter um mínimo de 2400 pontos de *rating*, além de, ao menos, três normas em competições de MIs nas quais tenham competido, no mínimo, dois estrangeiros. Uma norma é um alto nível de desempenho em um torneio de xadrez.

- Grande Mestre – GM (titulação FIDE)

Esse é o mais alto título internacional de xadrez que um jogador pode alcançar, e o caminho até essa titulação não é nada fácil. Para se tornar um GM reconhecido pela FIDE, são necessários: mínimo de 2500 pontos de *rating*, conquista de três normas em competições de GMs internacionais que tenham contado com, pelo menos, dois competidores estrangeiros e *rating performance* superior a 2600 pontos em cada um dos torneios em que as normas forem conquistadas.

1.5.3 Os melhores jogadores do mundo e do Brasil

Agora que você já entendeu como são ranqueados os enxadristas e o que significam o *rating* e a titulação de cada um, vejamos quem são os melhores do mundo em cada categoria e os enxadristas brasileiros que já conquistaram a titulação de GM.

De acordo com dados atualizados do *site* da FIDE, na categoria *absoluto*, o número 1 do mundo é o GM Magnus Carlsen.

Quadro 1.2 Dados do jogador número 1 do mundo – GM Magnus Carlsen

Federação	Noruega
Idade	32 anos
Titulação	Grande Mestre
Rating Clássico	2865
Rating Rápido	2847
Rating Blitz	2832

Fonte: Elaborado com base em FIDE, 2023c.

Observe, no Quadro 1.2, que os números de Carlsen realmente impressionam e não deixam dúvidas de que ele está no topo do mundo do xadrez.

Na categoria *mulheres*, quem lidera o *ranking* é a GM Yifan Hou. Veja os números da enxadrista no Quadro 1.3, a seguir.

Quadro 1.3 Dados da jogadora número 1 do mundo – GM Yifan Hou

Federação	China
Idade	28 anos
Titulação	Grande Mestre
Rating Clássico	2658
Rating Rápido	2621
Rating Blitz	2601

Fonte: Elaborado com base em FIDE, 2023a.

No Brasil, o enxadrista número 1 é o GM Rafael Leitão (número 292 do mundo). Nascido em São Luís (MA), Rafael começou a jogar xadrez aos 6 anos de idade e, com apenas 18 anos de idade, foi titulado GM, sendo o mais jovem brasileiro a atingir tal conquista. Detentor de dois títulos mundiais – sub-12 e sub-18 anos – e sete títulos nacionais, o GM Rafael Leitão já representou o Brasil em nove olimpíadas mundiais de xadrez. Confira os números dele no Quadro 1.4, a seguir.

Quadro 1.4 Dados do jogador número 1 do Brasil – GM Rafael Leitão

Federação	Brasil
Idade	43 anos
Titulação	Grande Mestre
Rating Clássico	2592
Rating Rápido	2628
Rating Blitz	2609

Fonte: Elaborado com base em FIDE, 2023b.

Além do GM Rafael Leitão, o Brasil tem outros 13 enxadristas que já alcançaram o título máximo de GM do xadrez. São eles: Alexandr Fier (SC), André Diamant (CE), Darcy Lima (RJ), Evandro Barbosa (MG), Everaldo Matsuura (PR), Felipe El Debs (SP), Gilberto Milos (SP), Giovanni Vescovi (RS), Henrique Mecking (RS), Jaime Sunye (PR), Krikor Mekhitarian (SP), Luís Paulo Supi (SP) e Yago Santiago (PE).

ⅲ Síntese

Neste capítulo, você pôde conhecer um pouco mais sobre o jogo de xadrez em diferentes contextos e sobre a importância dos aspectos históricos, culturais e sociais desse esporte milenar.

Iniciamos apresentando um histórico do surgimento do xadrez, que tem o marco do início de sua trajetória na Índia, sob o nome de *chaturanga*, que, em sânscrito, significa "os quatro elementos de um exército". De lá, o jogo passou pela Pérsia e pela China e chegou à Europa no século XV, quando alcançou o formato e as regras praticados na atualidade.

Em seguida, abordamos as diversas qualidades pedagógicas do xadrez e seu uso como ferramenta educacional, sendo capaz de desenvolver em seus praticantes habilidades cognitivas como a memória, a criatividade, o raciocínio lógico e o cálculo, além de promover qualidades sociais como o respeito aos limites do outro e aos próprios limites, além de autoestima.

No âmbito do lazer, o xadrez tem conquistado amplo espaço e é muito praticado em todas as faixas etárias, desde a infância, quando proporciona, além do desenvolvimento das habilidades cognitivas já citadas, a aprendizagem de lições para a vida, pois as situações posicionais do jogo possibilitam relações diretas com situações do cotidiano, como a conquista da autonomia e a tomada de decisões com responsabilidade. Entre os idosos, o xadrez tem sido uma importante ferramenta de combate aos declínios cognitivos da idade e de estímulo à socialização, tanto entre membros do mesmo grupo geracional quanto entre diferentes gerações, como filhos e netos.

Por fim, contextualizamos o xadrez como esporte de competição, abordando desde sua estruturação competitiva, com a FIDE e a CBX, até o sistema de ranqueamento e titulação dos enxadristas, bem como os jogadores que atualmente ocupam o topo do mundo e do Brasil no xadrez.

Atividades de autoavaliação

1. Há muitas versões na literatura para o surgimento inicial do xadrez. No entanto, a maioria dos historiadores chegou ao consenso de que o início do xadrez se deu:

    a) na Índia, sob a forma de um jogo chamado *chaturanga*.
    b) na Pérsia, com o nome do jogo derivado da palavra árabe *sha*.
    c) na Europa, com o mesmo formato dos dias atuais.
    d) na China, berço dos melhores jogadores do mundo.
    e) na Rússia, sem a presença da peça dama.

2. Numa partida de xadrez, o plano pode ser definido como o conjunto de operações estratégicas sucessivas, aplicadas de acordo com ideias surgidas a partir das exigências da situação criada no tabuleiro. Assim, um plano de xadrez deve se basear:

    a) na genialidade do jogador.
    b) no *rating* do jogador adversário.
    c) na intuição do jogador que elabora o plano.
    d) na avaliação da posição das peças sobre o tabuleiro.
    e) no histórico das partidas jogadas anteriormente.

3. O xadrez pode ser trabalhado como opção de lazer para todas as faixas etárias, proporcionando inúmeros benefícios aos seus praticantes. Relacione cada faixa etária aos respectivos benefícios:

I. Criança
II. Idoso

( ) Proteção contra o declínio cognitivo.
( ) Desenvolvimento de habilidades cognitivas.
( ) Relação do jogo com lições da vida.
( ) Prevenção de doenças neurodegenerativas.
( ) Socialização com as novas gerações (netos).

Agora, assinale a alternativa que apresenta a sequência correta:

a) I – I – II – II – II.
b) I – II – I – II – I.
c) II – I – I – II – II.
d) II – II – I – I – I.
e) II – II – II – I – I.

4. A FIDE foi fundada em 20 de julho de 1924, na cidade de Paris. Atualmente, conta com 190 países federados, ranqueados por ordem de força de *rating* médio de seus jogadores. Segundo dados do *site* da FIDE, o país líder do *ranking* de força no xadrez atualmente é:

a) Brasil.
b) Rússia.
c) Índia.
d) China.
e) Portugal.

5. As titulações mais conhecidas do xadrez são concedidas e regulamentadas pela FIDE. Relacione cada titulação aos respectivos requisitos para obtenção:

I. MF
II. MI
III. GM

( ) O enxadrista deve ter, no mínimo, 2300 pontos de *rating*.

( ) O enxadrista deve ter o mínimo de 2500 pontos de *rating*, conquista de três normas em competições de Grandes Mestres e *rating performance* superior a 2600 pontos em cada um dos torneios em que as normas forem conquistadas.

( ) O enxadrista deve ter o mínimo de 2400 pontos de *rating* e, pelo menos, três normas em competições de Mestres Internacionais.

Agora, assinale a alternativa que apresenta a sequência correta:

a) I – II – III.
b) I – III – II.
c) II – I – III.
d) II – III – I.
e) III – II – I.

Atividades de aprendizagem

Questões para reflexão

1. O xadrez teve seu início na Índia, sob a forma de um jogo chamado *chaturanga*, mas passou por muitos outros países e continentes até chegar ao formato e às regras que conhecemos hoje. A criação de um jogo tem fortes influências sociais e culturais dos locais por onde passa. Cite e explique algumas características e regras do xadrez atual que refletem os aspectos sociais, culturais e históricos das nações pelas quais o jogo passou até atingir o formato de hoje.

2. A medida da força de um jogador, calculada por meio de fórmulas matemáticas, é chamada de *rating*, palavra do inglês que significa "classificação". Especificamente para o xadrez, o sistema utilizado mundialmente é o *rating* Elo. Pesquise no *site* da federação de xadrez de seu estado o nome e o *rating* dos jogadores mais bem ranqueados e trace um breve perfil desses jogadores, listando os principais títulos conquistados e informações do início de suas carreiras.

Atividade aplicada: prática

1. Você sabe como é o desenvolvimento do xadrez em sua cidade e região? Pesquise se há um clube de xadrez em sua cidade, se é feito algum trabalho com a modalidade nas escolas, se há torneios locais e jogadores de destaque nas categorias de base e adulta. Monte um quadro-resumo com as principais informações obtidas em sua pesquisa, de modo a retratar o cenário do xadrez em sua cidade.

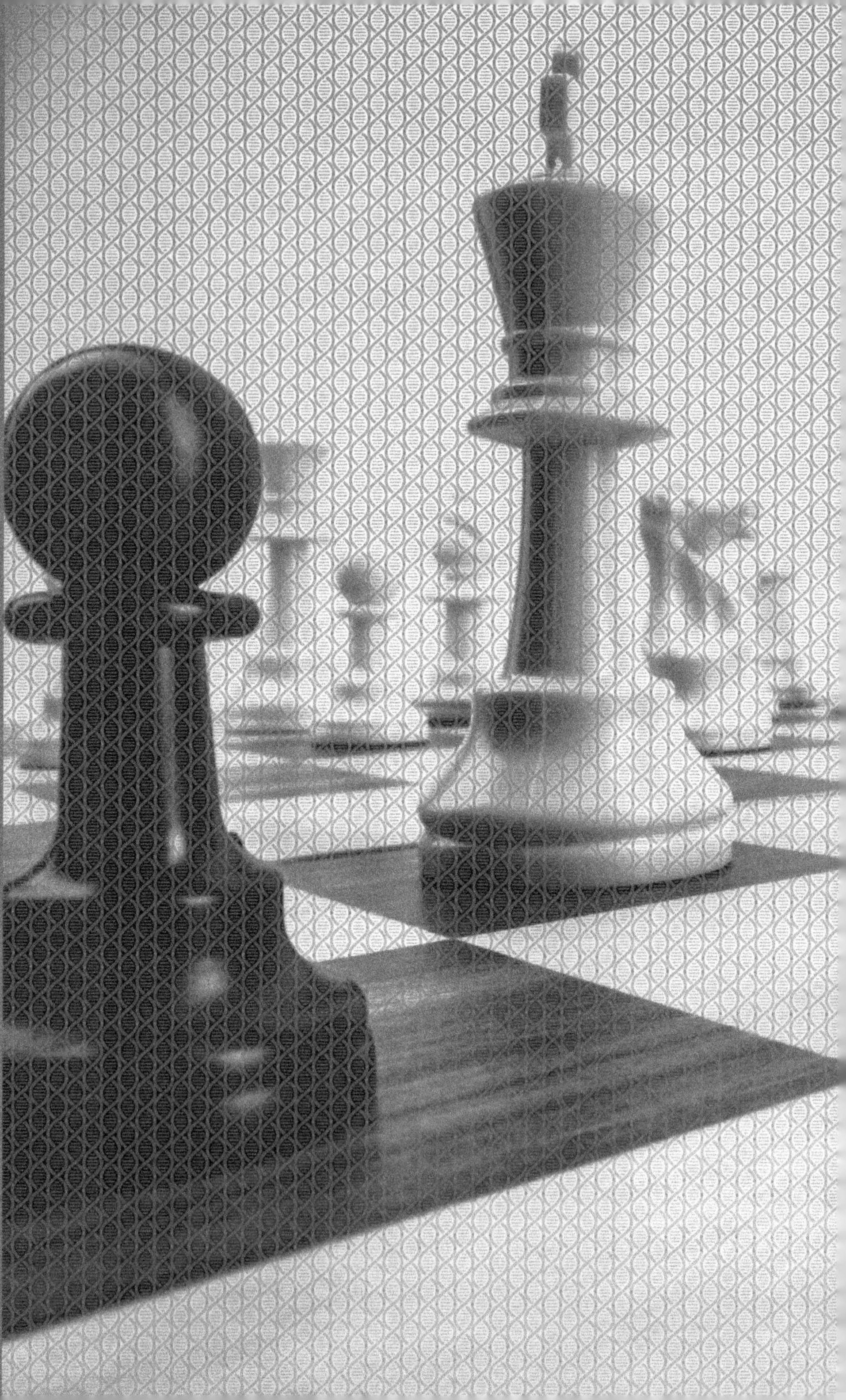

Capítulo 2

Metodologia de iniciação ao jogo de xadrez

Fernanda Letícia de Souza

Mesmo estando entre os esportes mais praticados no mundo, o xadrez ainda é objeto de uma série de preconceitos quanto ao seu ensino-aprendizagem. É muito comum ouvirmos que o xadrez é apenas para pessoas inteligentes ou que nem todos são capazes de aprender a jogá-lo.

Essas impressões podem ser explicadas pela própria história do jogo, que surgiu entre a realeza e com a finalidade de ser um jogo de estratégia, que simulasse uma guerra e seus desafios. Há de se considerar ainda a imagem passada pela mídia, que, nas poucas divulgações que faz do esporte, sempre reproduz imagens de jogadores em silêncio e concentração absoluta, com poses que remetem aos filósofos, símbolo de inteligência máxima.

Neste capítulo, mostraremos que o xadrez é para todos e é possível aprender a jogar e se divertir muito, independentemente de sexo, idade, nível de escolaridade ou classe social. Enfocaremos o tabuleiro de xadrez e suas peças, bem como as regras de movimentação e captura e o objetivo do jogo. Finalizaremos com uma metodologia que possibilita a qualquer pessoa aprender esse esporte milenar.

2.1 Conhecendo o campo de jogo e as peças da batalha

Como vimos anteriormente, o xadrez foi inicialmente idealizado como um jogo de guerra. Em toda guerra, é de fundamental importância conhecer e compreender o campo em que ocorre a batalha e os soldados disponíveis para o combate.

É normal jogadores iniciantes terem o anseio de começar logo a movimentação das peças. No entanto, a compreensão total do jogo, tanto das movimentações quanto do objetivo final, ficará comprometida se primeiramente não houver um estudo cuidadoso do tabuleiro e da representação de cada uma das peças que compõem o jogo de xadrez.

2.1.1 O tabuleiro

Vamos tratar, então, de nosso campo de batalha: o tabuleiro. É por ele que todas as peças se movimentarão ao longo da partida e buscarão unir suas forças numa estratégia para chegar ao xeque-mate contra o rei adversário.

O tabuleiro é um quadrado composto por 64 quadradinhos, denominados **casas**, sendo 32 casas claras e 32 casas escuras, posicionadas alternando-se as cores. Por ter a forma de um quadrado, é comum as pessoas acharem que não existe uma forma correta de se posicionar o tabuleiro para iniciar o jogo. Porém, esta é a primeira regra que deve ser seguida para que a partida tenha validade: a casa do canto direito de cada jogador deve ser uma casa clara (branca).

A Figura 2.1 ilustra o posicionamento correto do tabuleiro.

Figura 2.1 Posicionamento correto do tabuleiro para o início da partida

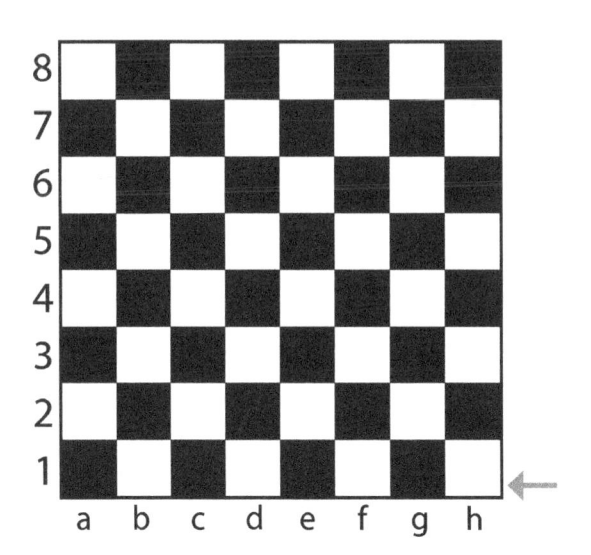

As 64 casas do tabuleiro formam três tipos diferentes de direções, pelas quais as peças se deslocam: 8 fileiras (linhas horizontais), compostas por 8 casas cada uma – que recebem números de 1 a 8 –; 8 colunas (linhas verticais), compostas por 8 casas cada uma – que recebem letras de *a* até *h* –; e as diagonais, dispostas alternadamente em diagonais de casas claras e diagonais de casas escuras.

A Figura 2.2 indica as três direções formadas pelas casas do tabuleiro.

Figura 2.2 Direções do tabuleiro de xadrez

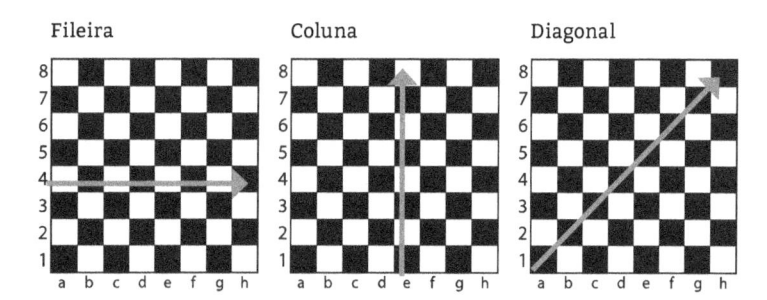

Ao cruzarmos a letra que nomina a coluna com o número que nomina a fileira, obtemos um código de letra e número que dá o nome de cada casa do tabuleiro de xadrez. Esse sistema de nomeação das casas é utilizado para a notação algébrica da partida, que veremos mais detalhadamente no Capítulo 4 deste livro.

A Figura 2.3 mostra o nome de cada casa do tabuleiro de xadrez.

Figura 2.3 Nome das casas do tabuleiro

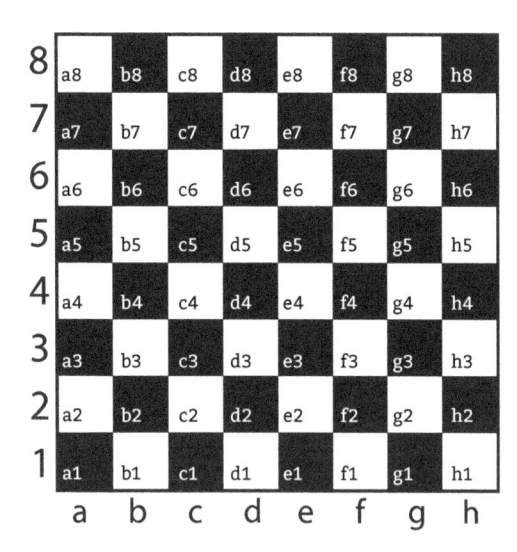

	a	b	c	d	e	f	g	h
8	a8	b8	c8	d8	e8	f8	g8	h8
7	a7	b7	c7	d7	e7	f7	g7	h7
6	a6	b6	c6	d6	e6	f6	g6	h6
5	a5	b5	c5	d5	e5	f5	g5	h5
4	a4	b4	c4	d4	e4	f4	g4	h4
3	a3	b3	c3	d3	e3	f3	g3	h3
2	a2	b2	c2	d2	e2	f2	g2	h2
1	a1	b1	c1	d1	e1	f1	g1	h1

Entendido como se caracteriza o campo de batalha, chegou o momento de conhecer os soldados desse combate – as peças de xadrez – e seu posicionamento inicial no tabuleiro.

2.1.2 As peças

O jogo de xadrez é composto por 32 peças no total, sendo 16 peças claras (brancas) e 16 peças escuras (pretas). Assim, cada jogador inicia a partida com 2 torres, 2 cavalos, 2 bispos, 1 rei, 1 dama e 8 peões.

O jogador com as peças claras (brancas) posiciona suas peças maiores na fileira 1 e os peões na fileira 2. O jogador com as peças escuras (pretas) posiciona suas peças maiores na fileira 8 e seus peões na fileira 7.

As duas torres ocupam as duas extremidades do tabuleiro; na sequência (das extremidades para o centro), posicionam-se os 2 cavalos e, ao lado destes, os 2 bispos, restando bem ao centro do tabuleiro 1 casa branca e 1 casa preta, que serão ocupadas pelo rei e pela dama. É muito comum jogadores iniciantes se confundirem ao posicionar inicialmente o rei e a dama. Lembre-se sempre destas duas dicas:

1. A dama branca vai na casa branca, e a dama preta vai na casa preta.
2. A dama ocupa sempre a coluna "d" do tabuleiro (*d* de *d*ama).

O rei ocupa a última casa vaga e, à frente de cada peça, posiciona-se 1 peão. Por convenção, as peças brancas sempre iniciam a partida; assim, o jogador com as peças claras (brancas) sempre inicia a partida.

A Figura 2.4 mostra o posicionamento inicial correto das peças.

Figura 2.4 Posicionamento inicial das peças

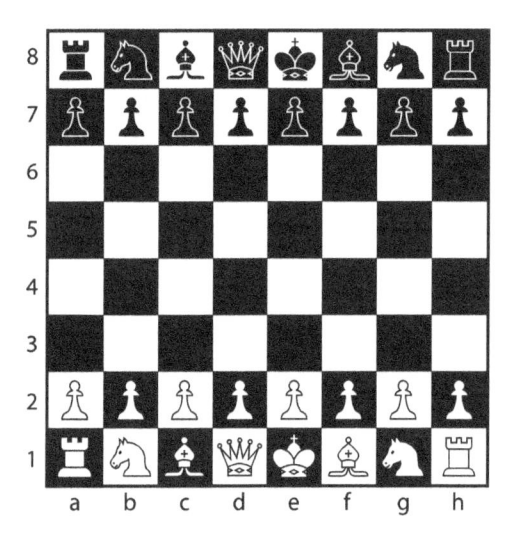

O tabuleiro é dividido em duas alas – a ala do rei e a ala da dama –, e as peças são nomeadas de acordo com a ala na qual iniciam a partida. Dessa forma, tomando-se como exemplo as peças brancas, a torre de "a1" seria a torre da dama, e a torre de "h1" seria a torre do rei; o cavalo de "b1" seria o cavalo da dama, e o cavalo de "g1" seria o cavalo do rei; por fim, o bispo de "c1" seria o bispo da dama, e o bispo de "f1" seria o bispo do rei.

Curiosidade

Enxadristas experientes não consideram os peões como peças. Assim, em análises e conversas, quando utilizam expressões como *troca de peças* e *posicionamento das peças*, estão se referindo às peças maiores (torres, cavalos, bispos, dama e rei). Os peões são sempre referidos como *peões*, e não como *peças*.

Todas as peças, com exceção do rei (veremos adiante que o rei não pode ser capturado), têm um valor numérico que serve como base de cálculo para capturas e vantagens materiais na partida. Ressaltamos que esse valor é relativo, pois existem muitas variáveis na partida que podem aumentar ou diminuir o valor de uma peça, como seu posicionamento no tabuleiro ou um tipo de posição (mais aberta ou mais fechada, por exemplo). No entanto, para iniciantes, esses valores são muito úteis, pois auxiliam na visualização da força de cada peça e no cálculo simples de vantagem material.

Na Tabela 2.1, você pode observar o valor numérico de cada peça em ordem decrescente de força.

Tabela 2.1 Valores das peças de xadrez

Peça	Valor
Dama	9
Torre	5
Bispo	3
Cavalo	3
Peão	1

2.2 Primeiros movimentos com as peças

Conhecidos o campo de batalha – tabuleiro – e os combatentes – peças – do jogo de xadrez, é hora de examinar suas regras de movimentação e captura.

Antes de conhecer as possibilidades de cada peça, é preciso entender um pouco melhor os conceitos de movimentação e captura no jogo de xadrez.

Movimentação é a forma como cada uma das peças se desloca pelo tabuleiro, ou seja, a forma como ocorre a condução de todo o jogo. No xadrez, cada peça tem regras próprias de movimentação.

Dizemos que ocorre uma **captura** quando um dos jogadores toma para si uma peça do adversário. Mas como acontece, na prática, uma captura? De acordo com suas regras de movimentação, uma peça captura a outra – adversária – ocupando sua casa e retirando a peça adversária do tabuleiro.

Esse conceito é muito importante, pois alguns jogadores iniciantes acham que a captura ocorre com uma peça "saltando" sobre a outra, como no jogo de damas. Porém, no xadrez, a captura se estabelece com a ocupação da casa da peça adversária.

Vamos dar os primeiros passos na iniciação deste jogo fascinante chamado *xadrez*? É hora de conhecer os poderes e encantos de cada uma das peças!

2.2.1 Peão

Com valor absoluto de um ponto, o peão é conhecido como a peça mais fraca do jogo de xadrez, mas engana-se quem não acredita em sua importância e em seu poder de decidir uma partida.

O peão se movimenta na coluna, ou seja, apenas para a frente, uma casa por jogada. É a única peça do xadrez que jamais retorna, isto é, não se movimenta para trás!

Quando se movimenta pela primeira vez, o peão pode andar duas casas (ou apenas uma, se o jogador preferir). Atenção! Não é somente o primeiro peão que for movimentado na partida que tem o direito de andar duas casas. Todos os peões, em seu primeiro movimento, têm como opção mover-se uma ou duas casas para a frente.

Apesar de se movimentar para a frente, o peão tem uma regra de captura diferente: ele realiza a captura na diagonal, movendo-se nessa direção apenas uma casa também.

O soldado que está à frente das peças mais valiosas no início da partida tem uma força especial. Se o peão, de casa em casa, conseguir atravessar todo o tabuleiro e chegar à última fileira (do outro lado), ele se transformará em outra peça (dama, torre, bispo ou cavalo). É o que conhecemos como *coração do peão*, que será estudado detalhadamente mais adiante.

Observe, na Figura 2.5, as regras de movimentação e captura do peão.

Figura 2.5 Movimentação e captura do peão

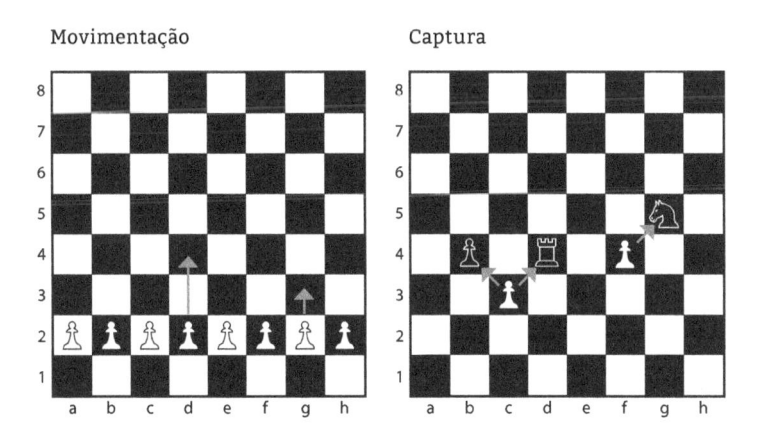

2.2.2 Torre

Posicionadas inicialmente nas duas extremidades do tabuleiro, as torres têm grande poder, pois dominam as fileiras e as colunas.

Assim, essas peças se movimentam para a frente ou para trás, para um lado ou para o outro. Diferentemente do peão, a torre não tem um limite de casas para sua movimentação, podendo se deslocar por quantas casas estiverem livres.

Atenção! Ela não pode "pular" por cima de outras peças, sejam elas da mesma cor, sejam elas da cor adversária. Quanto à captura, acontece no mesmo sentido da movimentação, podendo ser capturadas pela torre peças que estejam à frente, atrás ou de ambos os lados, desde que o caminho entre elas esteja livre.

A Figura 2.6 ilustra a movimentação e a captura da torre.

Figura 2.6 Movimentação e captura da torre

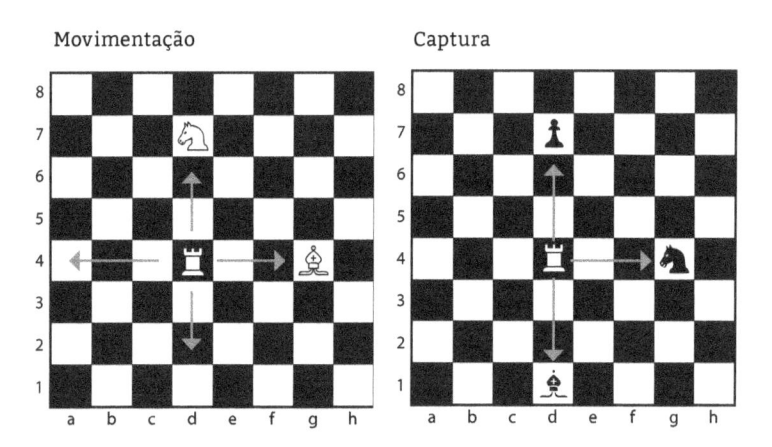

2.2.3 Bispo

Os bispos, posicionados inicialmente um ao lado da dama e outro ao lado do rei, têm um poder um pouco mais limitado do que o da torre, pois dominam apenas uma das direções do tabuleiro – a diagonal.

Dessa forma, o bispo se movimenta livremente pelas diagonais. Observe que, no início da partida, sempre haverá um bispo que inicia em uma casa clara e um bispo que inicia em uma casa escura. O bispo de casa clara utilizará somente as diagonais claras ao longo de todo o jogo, enquanto o bispo de casa escura se deslocará somente pelas diagonais escuras.

Assim como a torre, o bispo não tem um limite de casas para sua movimentação, desde que não passe por cima de nenhuma peça (tanto da mesma cor quanto da cor contrária).

A captura ocorre no mesmo sentido da movimentação, ou seja, o bispo pode capturar peças adversárias que estejam ocupando casas em suas diagonais, com a condição de que o caminho entre ele e a peça adversária esteja livre.

Confira, na Figura 2.7, as regras de movimentação e captura do bispo.

Figura 2.7 Movimentação e captura do bispo

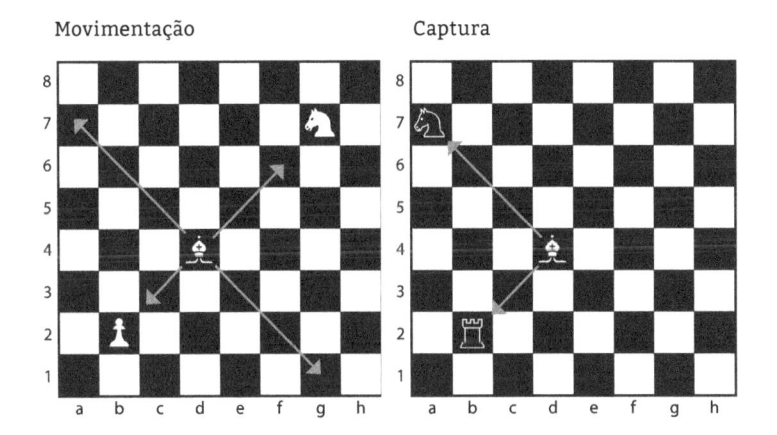

2.2.4 Dama

A dama, posicionada inicialmente no centro do tabuleiro, é considerada a peça mais poderosa do xadrez por seu amplo domínio do tabuleiro.

Ela tem grande mobilidade e soma a movimentação da torre e do bispo, ou seja, para a frente ou para trás, para um lado ou para o outro ou, ainda, nas diagonais.

A dama segue a mesma regra – do bispo e da torre – quanto à movimentação, isto é, sem limite de casas, desde que não pule sobre nenhuma peça, bem como quanto à captura, ou seja, pode capturar peças nos mesmos sentidos de sua movimentação, desde que o caminho entre ela e a peça a ser capturada esteja livre.

A Figura 2.8 mostra as regras de movimentação e captura da dama.

Figura 2.8 Movimentação e captura da dama

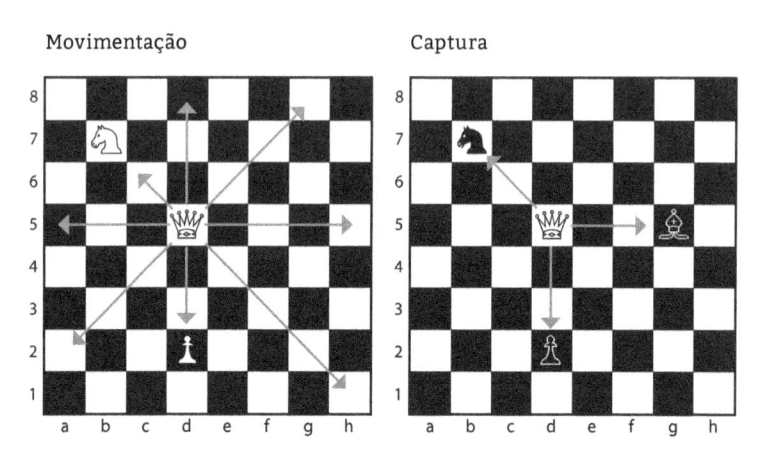

Movimentação   Captura

2.2.5 Cavalo

Posicionados inicialmente ao lado das torres, os cavalos têm uma movimentação muito particular, pelo fato de não utilizarem uma das direções do tabuleiro que já estudamos anteriormente.

O cavalo se movimenta em L – como a letra mesmo – e é a única peça com o poder de "pular" sobre outras peças, sejam elas da mesma cor, sejam elas da cor adversária. O L de sua movimentação deve ser sempre composto por três casas – duas para a frente e uma para um ou outro lado, ou duas para o lado e uma para a frente ou para trás. Assim, o cavalo tem o mesmo valor do bispo na partida, pois, apesar da limitação de casas em sua movimentação – apenas três por jogada –, tem a habilidade especial de não necessitar de caminho livre para se mover, visto que passa por cima de qualquer peça.

A captura do cavalo acontece somente na terceira casa do L, ou seja, ele captura apenas as peças que estejam posicionadas na última casa de sua movimentação. Desse modo, se peças adversárias estiverem posicionadas na primeira ou segunda casa do L do cavalo, elas não serão capturadas.

Observe, na Figura 2.9, as regras de movimentação e captura do cavalo.

Figura 2.9 Movimentação e captura do cavalo

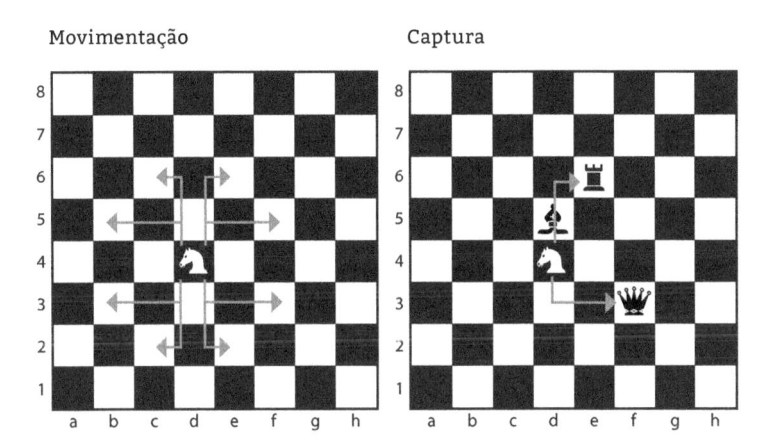

2.2.6 Rei

Finalmente, chegou a hora de tratar da movimentação do rei, a peça mais importante do jogo de xadrez. É fundamental compreender que o rei não sofre uma captura simples – veremos a seguir que ele deve ser aprisionado (xeque-mate) – e que todas as demais peças se movimentam estrategicamente em função da defesa e proteção do rei.

O rei se movimenta exatamente como a dama. A única diferença é a limitação do número de casas. Assim, o rei pode se movimentar apenas uma casa por lance em qualquer direção: para a frente ou para trás, para um lado ou para o outro ou, ainda, nas diagonais.

Apesar de não poder ser simplesmente capturado, o rei também efetua capturas, desde que a peça esteja próxima a ele e sem defesa.

A Figura 2.10 ilustra as regras de movimentação e captura do rei.

Figura 2.10 Movimentação e captura do rei

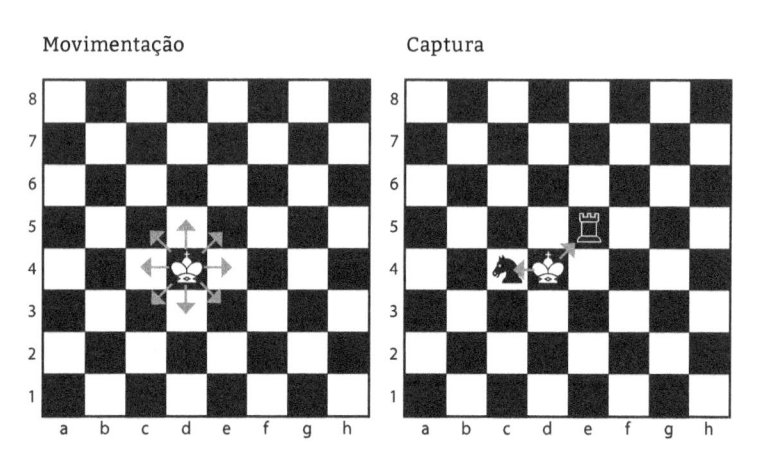

2.3 Atacando o rei – xeque

Praticada e fixada a movimentação das peças, é hora de compreender o objetivo do jogo de xadrez. Como comentamos anteriormente, o rei não pode ser capturado e, popularmente, é comum ouvirmos que "quem captura o rei vence a partida de xadrez".

Esse é um vício que muitos jogadores iniciantes têm, por isso é tão importante entender, primeiramente, o conceito de xeque, para depois compreender estrategicamente o jogo e a aplicação do xeque-mate.

A movimentação das peças deve ser sempre pensada em função do rei, tanto do próprio rei – para mantê-lo em segurança – quanto do rei adversário – com o objetivo de aplicar o xeque-mate e vencer a partida.

Teremos um lance de xeque sempre que o rei for atacado e estiver sob ameaça. Dessa forma, podemos conceituar *xeque* como um ataque ao rei, ou seja, o rei está em perigo e precisa ser salvo. É opcional anunciar um xeque em voz alta ao adversário, mas na iniciação é indicado que os jogadores pronunciem a palavra *xeque* sempre que atacarem o rei adversário. É importante avisar o xeque até que sejam fixadas as movimentações das peças e se inicie o planejamento de estratégias mais eficazes para a busca do xeque-mate.

Sempre que o rei está atacado – em xeque –, não há outra opção de jogada para o enxadrista que não seja tirar imediatamente seu rei da linha de ameaça. Existem três formas de sair de um xeque: fuga, bloqueio e captura.

2.3.1 Fuga

A fuga acontece quando o rei ameaçado se movimenta para uma casa segura. Como já vimos, o rei se movimenta apenas uma casa por jogada. Assim, quando sofrer um xeque, o enxadrista com o rei em perigo deve analisar as casas livres para as quais o rei pode se movimentar para decidir a melhor opção de fuga. A casa escolhida deve ser segura, ou seja, não pode estar sendo controlada por nenhuma peça adversária. Além disso, entre as casas seguras, é fundamental escolher aquela que se situe o mais longe possível da concentração do ataque adversário.

A Figura 2.11 mostra uma situação de fuga de um xeque.

Figura 2.11 Fuga do xeque

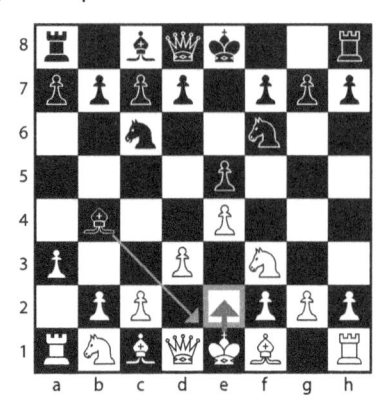

2.3.2 Bloqueio

O bloqueio ocorre quando o jogador utiliza uma outra peça sua para interceptar a linha de ataque, ou seja, para bloquear o xeque.

É fundamental, ao usar o recurso do bloqueio em um xeque, observar o valor da peça selecionada para interceptar o xeque, para que não se crie uma situação de inferioridade material. Desse modo, se o rei está sofrendo um xeque de bispo, por exemplo, não seria indicado utilizar a dama para bloquear esse xeque, pois a dama é muito mais valiosa do que o bispo e, certamente, o adversário faria a captura da dama no lance seguinte, mesmo perdendo o bispo.

Por isso, no bloqueio, o jogador deve optar por peças de valor inferior àquela que está aplicando o xeque, ou de mesmo valor, como um peão ou um cavalo para bloquear um xeque de bispo.

A Figura 2.12 ilustra uma situação de bloqueio de um xeque.

Figura 2.12 Bloqueio do xeque

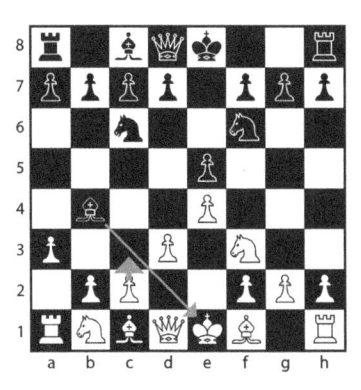

2.3.3 Captura

Por fim, a terceira e última forma de escapar de um xeque é a captura. A captura ocorre quando a peça que está dando o xeque pode ser capturada, livrando o rei do perigo. Certamente, essa é a melhor forma de retirar o rei do xeque, pois, além de deixar o rei em segurança, ganha-se uma vantagem material com a captura da peça. Por isso, sempre que receber um xeque, o jogador deve avaliar bem a posição e analisar todas as possibilidades para verificar se a captura é uma das alternativas de escape.

O contrário também vale. Ao aplicar um xeque em seu adversário, o jogador deve verificar com cuidado se a casa na qual posicionará a peça que atacará o rei é segura, ou seja, deve se certificar de que nenhuma peça do adversário será capaz de capturar sua peça.

Observe, na Figura 2.13, um exemplo de captura para retirar o rei do xeque.

Figura 2.13 Captura no xeque

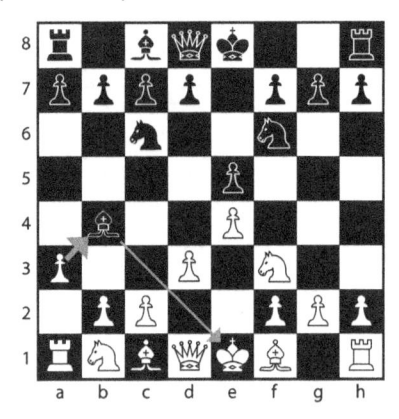

2.4 Como vencer no xadrez – xeque-mate e lance ilegal

Chegou o momento de descobrir como se vence uma partida de xadrez. Se o rei é o objetivo do jogo, mas não é possível capturá-lo, como podemos vencer no xadrez, afinal?

Você já deve ter ouvido o termo *xeque-mate*, que extrapola os limites do tabuleiro e é empregado para expressar situações-limite ou desafiadoras da vida. No sentido figurado, xeque-mate pode fazer referência a um momento em que alguém está vivenciando uma situação constrangedora ou, ainda, quando recebe um ultimato e deve tomar uma decisão para seguir um caminho ou perder alguma coisa. Quando tudo parece perdido e a pessoa se sente encurralada, dizemos que a vida lhe aplicou um xeque-mate.

Transpondo-se isso novamente para o tabuleiro, o xeque-mate determina o fim da partida, sendo definido como uma posição em que o rei se encontra encurralado e sem saída.

2.4.1 Xeque-mate

O xeque-mate é o objetivo do jogo de xadrez, ou seja, vence a partida quem conseguir aplicar um xeque-mate no adversário.

Assim, o xeque-mate significa que o rei está atacado e:

- não há nenhuma casa segura para a qual ele possa fugir;
- não há nenhuma peça que possa bloquear a linha de ameaça;
- não há nenhuma peça capaz de capturar a peça adversária que está realizando o ataque.

O rei está encurralado, atacado sem possibilidade de se salvar, e a partida chega ao fim com a vitória do jogador que aplicou o xeque-mate.

Passada a fase de memorização da movimentação das peças e de compreensão do objetivo do jogo, os enxadristas iniciantes entram na fase de traçar um plano estratégico para o xeque-mate e de coordenar as peças para concretizar o plano.

No início, é importante que o professor ou instrutor de xadrez apresente posições clássicas de xeque-mate e proponha a resolução de exercícios de xeque-mate em um e dois lances, para que os enxadristas, a partir da fixação dessas posições básicas, possam elaborar suas estratégias de ataque.

Além disso, é fundamental deixar claro que a vantagem material (captura de peças) é importante para facilitar o caminho até o xeque-mate, mas não determina a vitória em uma partida. Mesmo estando em desvantagem material, se um jogador aplicar um xeque-mate, ele será o vencedor da partida.

A Figura 2.14 ilustra duas posições de xeque-mate para uma melhor compreensão do termo. Observe que o rei preto está atacado nas duas posições e não há nenhuma possibilidade de escapar desse ataque, nem por meio de fuga, nem por meio de bloqueio, nem por meio de captura.

Figura 2.14 Posições de xeque-mate

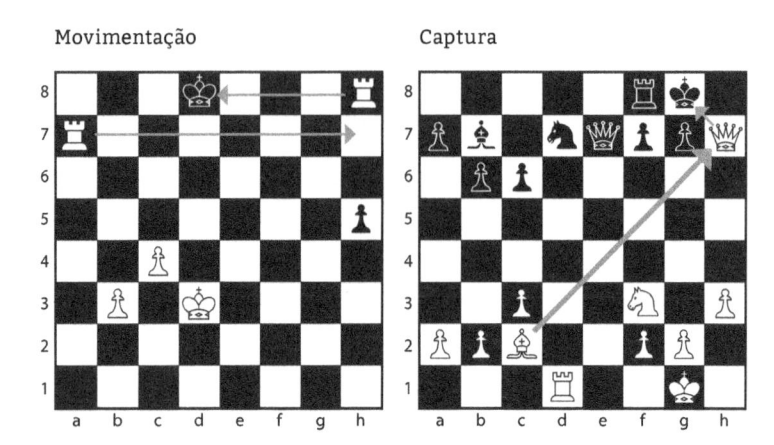

Movimentação   Captura

2.4.2 Lance ilegal

Já vimos que o xeque-mate é o objetivo do jogo de xadrez e sua aplicação determina o fim da partida. Mas existe alguma outra forma de vencer no xadrez?

Existe, sim! Se um jogador cometer dois lances ilegais em uma mesma partida, ele será declarado perdedor. Você já ouviu falar em lance ilegal? O que pode ser considerado um lance ilegal?

Um lance ilegal ocorre quando um jogador, por descuido ou desatenção, coloca o próprio rei em perigo, o que pode ocorrer de duas formas:

1. quando o jogador não percebe que está em xeque e faz um movimento com outra peça que não livra o rei do perigo;
2. quando, tentando escapar de um xeque, o jogador movimenta o rei para uma casa que também está atacada por uma peça adversária.

O lance ilegal deve ser acusado pelo adversário, para que seja contabilizado na partida. De acordo com as leis do xadrez da FIDE (2008, tradução nossa), quando "durante uma partida descobrir-se que um lance ilegal tiver sido completado, a posição imediatamente anterior à irregularidade deverá ser restabelecida". Após o restabelecimento da posição anterior, a partida segue normalmente, com um lance ilegal contabilizado para o jogador que o cometeu.

"Para o primeiro lance ilegal completado por um jogador o árbitro deverá dar dois minutos extras ao seu oponente; para o segundo lance ilegal completado pelo mesmo jogador, o árbitro deverá declarar a partida perdida para esse jogador" (FIDE, 2008, tradução nossa).

Curiosidade

O lance ilegal não está somente relacionado a um lance de rei. Se um jogador erra a movimentação de uma outra peça, soltando-a em uma casa para qual não seria possível movimentá-la conforme as regras ou utiliza as duas mãos para realizar uma jogada de captura ou o roque, por exemplo, esse lance também é considerado ilegal. No entanto, entre jogadores mais experientes, isso é muito raro de ocorrer e, por isso, associa-se o lance ilegal a jogadas que envolvem o rei.

Assim, o objetivo final do jogo de xadrez é sempre o xeque-mate, porém, se, antes de conseguir um xeque-mate, um dos dois jogadores realizar dois lances ilegais, a partida também será encerrada, decretando-se a derrota do jogador que cometeu as duas infrações.

É importante ressaltar que, no alto nível e em competições com enxadristas mais experientes, a ocorrência de lances ilegais e, consequentemente, as derrotas por esse motivo são bem raras. A partir da fase de desenvolvimento, em que o enxadrista compreende o jogo estrategicamente e está apto a fazer leituras das posições, xeques e casas ameaçadas dificilmente passam despercebidos e, com isso, a possibilidade de realização de um lance ilegal diminui muito.

Entre jogadores iniciantes, os lances ilegais são bem comuns, e muitas partidas acabam sendo decididas por esse motivo. Em competições em que se usa o relógio de xadrez, com tempo determinado para a execução dos lances e a condução da partida, nos minutos finais, que chamamos de *apuro de tempo*, fica mais comum a ocorrência de lances ilegais, inclusive entre jogadores experientes.

2.5 Metodologia de ensino para iniciação ao jogo de xadrez

Existem várias teorias sobre a ordem mais indicada de ensino da movimentação das peças do xadrez e do objetivo do jogo para iniciantes.

Alguns instrutores preferem iniciar pelo rei, a peça mais importante da partida e que está diretamente ligada ao objetivo do jogo, a aplicação do xeque-mate.

Neste livro, vamos sugerir uma sequência de ensino que começa pelo peão, inserindo-se progressivamente as peças de acordo com sua força e complexidade de movimentação, e finaliza com a introdução do rei ao jogo. Contudo, é na prática do processo de ensino-aprendizagem que o professor vai determinar a sequência que melhor se aplica ao grupo com o qual estiver trabalhando.

2.5.1 Ordem das peças no ensino--aprendizagem do jogo de xadrez

Como mencionado anteriormente, vamos apresentar um método de ordenamento no ensino do jogo, mas cabe a cada um determinar o que melhor se aplica a cada caso, de acordo com as características do aprendiz ou do grupo de aprendizes.

Nossa sugestão de método inicia pela aprendizagem da movimentação dos peões. Alguns estudiosos do xadrez e que trabalham com o ensino do jogo questionam a opção de ensinar primeiro a movimentação dos peões, principalmente para crianças, pois se preocupam com a ideia de que isso possa induzi-las a mexer somente peões no início da partida – o que não é indicado como um princípio de abertura.

No entanto, pela experiência no ensino do jogo de xadrez, percebemos que mexer muitos peões na iniciação é algo normal e comum entre as crianças, pelo fato de os peões ocuparem a fileira da frente na posição inicial das peças. Isso acaba ocorrendo independentemente de sua movimentação ter sido a primeira a ser ensinada ou a última.

Com a melhor compreensão do jogo e o ganho de experiência, esse "vício" de iniciante logo é superado e dá lugar a aberturas mais consistentes e de acordo com os princípios estudados.

O método que vamos sugerir está pautado numa sequência que leva em consideração a força da peça no jogo e a complexidade de sua movimentação. A cada nova peça introduzida, é proposto um jogo para a fixação da movimentação, até chegar à introdução do rei ao jogo e ao ensino dos conceitos de xeque, xeque-mate e lance ilegal.

Cada jogo proposto pode ser jogado quantas vezes se julgar necessário para que a movimentação daquela peça recém-ensinada seja memorizada.

É fundamental que o iniciante fixe muito bem a movimentação de uma peça antes que uma nova peça seja introduzida ao jogo, pois isso facilitará a compreensão total do xadrez e tornará mais fácil a desenvoltura do jogador quando o jogo já estiver completo.

Não é necessário ter pressa na memorização das movimentações, principalmente se o trabalho está sendo realizado com crianças menores. Cada um tem o próprio ritmo de aprendizagem, e acelerar o processo pode comprometer a assimilação do esporte e o prazer da prática.

O método sugerido compreende a sequência pedagógica indicada a seguir.

▪ Peão

O instrutor deve ensinar a movimentação e o modo de captura do peão, conforme explicado anteriormente, e propor o "jogo dos peões". Nesse jogo, conforme mostra a Figura 2.15, os peões iniciam posicionados como no começo da partida e vence o jogador que capturar mais peões adversários e conseguir levar o maior número de seus próprios peões até a última fileira do lado oposto do tabuleiro.

Figura 2.15 Jogo dos peões

▪ Torre

O instrutor deve introduzir o jogador ao aprendizado da movimentação e do modo de captura da torre enfatizando que, diferentemente dos peões, as torres podem retroceder no tabuleiro e não têm limitação na quantidade de casas que podem andar a cada jogada. A torre agora entra no novo jogo, e o objetivo é capturar o maior número de peças do adversário.

Observe, na Figura 2.16, a posição inicial do jogo.

Figura 2.16 Jogo de peões e torres

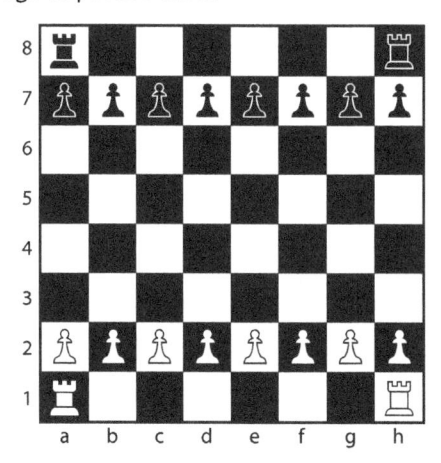

Bispo

Chegou a vez de o bispo entrar no jogo. O instrutor deve explicar a movimentação e a captura do bispo enfatizando que ele se desloca pela única direção que a torre não é capaz de cobrir, ou seja, pelas diagonais do tabuleiro. O jogo proposto agora, conforme a Figura 2.17, tem mais peças e deve ser praticado até que a movimentação delas esteja completamente memorizada.

Figura 2.17 Jogo de peões, torres e bispos

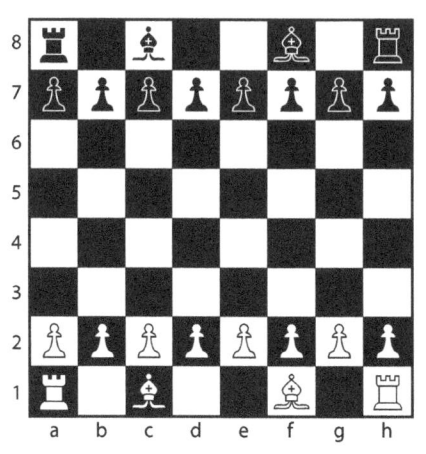

Dama

A peça mais poderosa do xadrez entra em jogo. Aproveitando as movimentações anteriormente ensinadas, o instrutor pode explicar que a dama é muito valiosa, pois soma as movimentações da torre e do bispo em uma única peça. O instrutor deve introduzir a dama ao jogo (Figura 2.18), que se torna mais interessante e dinâmico a cada nova peça aprendida.

Figura 2.18 Jogo de peões, torres, bispos e dama

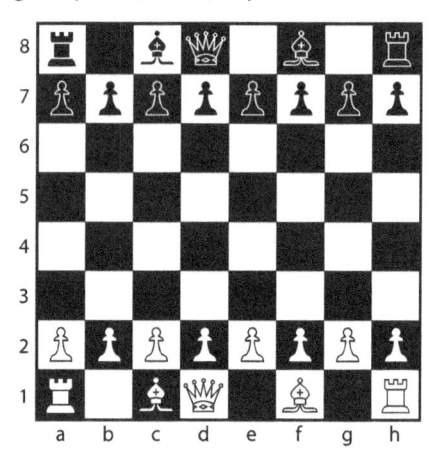

Cavalo

O cavalo é a última peça, antes do rei, a ser introduzida ao jogo, em razão da maior complexidade de sua movimentação. O instrutor deve enfatizar o poder especial dessa peça, de saltar sobre as outras, e destacar a movimentação em L, completamente diferente da realizada pelas demais peças já aprendidas. O último jogo proposto antes da aprendizagem do rei e do objetivo do xadrez (Figura 2.19) deve ser jogado muitas vezes e retomado sempre que se sentir necessidade de revisar a movimentação das peças. Aqui já se pode começar a ensinar o valor das peças, para que os iniciantes calculem quando uma captura vale ou não a pena.

Figura 2.19 Jogo de peões, torres, bispos, dama e cavalos

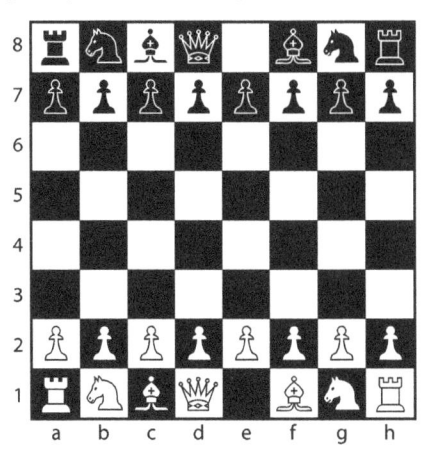

Rei

Por fim, o rei é introduzido ao jogo. Primeiramente, o instrutor deve ensinar as regras de movimentação e captura do rei, que são bem simples e de fácil memorização; na sequência, deve mostrar os conceitos de xeque, xeque-mate e lance ilegal, explicando o objetivo do jogo e as formas de vencer uma partida de xadrez.

Chegamos ao momento mais esperado de todo iniciante! Já é possível começar a jogar as primeiras partidas completas de xadrez, pois já existe uma compreensão da estrutura e do objetivo do jogo. Aos poucos, novos conceitos táticos são introduzidos, e os planos estratégicos começam a ser traçados.

Síntese

Neste capítulo, mostramos a dinâmica do jogo de xadrez e os primeiros passos para se jogar uma partida.

Iniciamos apresentando o campo de batalha, conhecido como *tabuleiro*, e conceitos importantes, como sua posição inicial e suas direções, além de cada uma das peças que compõem o xadrez e a maneira como são dispostas para o início do jogo.

Em seguida, abordamos a movimentação e a forma de captura de cada peça, com diagramas ilustrativos para facilitar a memorização dessas movimentações, o que é fundamental para a compreensão total do jogo. Vimos que o rei é a peça mais importante do xadrez e que o ataque a ele recebe o nome de *xeque*, do qual é possível escapar de três formas: fuga, bloqueio e captura.

O xeque-mate, que é a posição em que um dos reis está atacado sem possibilidade de fuga, determina o fim da partida de xadrez e seu vencedor. Algumas partidas podem ser encerradas antes, enquanto se busca a aplicação de um xeque-mate. Isso ocorre quando um dos jogadores comete três lances impossíveis, que acontecem quando, por descuido ou desatenção, um enxadrista faz um lance que coloca seu próprio rei em perigo.

Por fim, sugerimos um método de ensino-aprendizagem da movimentação das peças e do objetivo do jogo de xadrez, que leva em consideração a força progressiva de cada peça e a complexidade de sua movimentação, para introduzir uma sequência pedagógica de jogos.

Atividades de autoavaliação

1. O tabuleiro é um quadrado composto por 64 quadradinhos, denominados *casas*, sendo 32 casas claras e 32 casas escuras, posicionadas alternando-se as cores. Assinale a alternativa que indica a posição correta do tabuleiro para o início da partida:
   a) A casa na extrema esquerda de cada jogador deve ser clara (branca).
   b) A casa na extrema direita de cada jogador deve ser clara (branca).
   c) Não há regra a ser seguida para posicionar o tabuleiro.
   d) A casa à esquerda do jogador de peças escuras deve ser clara (branca).
   e) O jogador de peças claras determina a posição inicial do tabuleiro.

2. Todas as peças, com exceção do rei, têm um valor numérico que serve como base de cálculo para capturas e vantagens materiais na partida. Sobre os valores das peças de xadrez, marque V para as assertivas verdadeiras e F para as assertivas falsas:

    ( ) A dama é a peça mais valiosa do jogo de xadrez, com valor de 9 pontos.
    ( ) O cavalo vale mais que o bispo.
    ( ) Duas torres valem mais que uma dama.

    Agora, assinale a alternativa que apresenta a sequência correta:

    a) V, V, F.
    b) V, F, F.
    c) V, F, V.
    d) F, V, F.
    e) F, F, V.

3. Movimentação é a forma pela qual cada uma das peças se desloca pelo tabuleiro. Relacione cada peça à respectiva movimentação:

    I. Torre
    II. Bispo
    III. Dama

    ( ) Movimenta-se pelas fileiras, pelas colunas e pelas diagonais, por quantas casas estiverem livres.
    ( ) Movimenta-se pelas fileiras e pelas colunas, por quantas casas estiverem livres.
    ( ) Movimenta-se pelas diagonais, por quantas casas estiverem livres.

Agora, assinale a alternativa que apresenta a sequência correta:

a) I – II – III.
b) I – III – II.
c) II – I – III.
d) II – III – I.
e) III – I – II.

4. Ocorre um lance de xeque sempre que o rei for atacado e estiver sob ameaça. Relacione cada forma de escapar de um xeque à respectiva definição:

    I. Fuga
    II. Bloqueio
    III. Captura

    ( ) Acontece quando o rei ameaçado se movimenta para uma casa segura.
    ( ) Ocorre quando o jogador utiliza outra peça sua para interceptar a linha de ataque.
    ( ) Acontece quando a peça que está dando o xeque pode ser capturada.

Agora, assinale a alternativa que apresenta a sequência correta:

a) I – II – III.
b) I – III – II.
c) II – I – III.
d) II – III – I.
e) III – I – II.

5. O rei é a peça mais importante e o objetivo do jogo de xadrez, mas não pode ser capturado. Para vencer uma partida de xadrez, é necessário:
   a) capturar um maior número de peças que o adversário.
   b) aplicar três xeques seguidos no rei adversário.
   c) capturar todas as peças do adversário.
   d) aplicar xeque-mate no rei adversário.
   e) capturar o rei adversário antes que ele capture o seu.

Atividades de aprendizagem

Questões para reflexão

1. No xadrez, cada peça tem uma movimentação diferente, o que lhe confere um valor maior ou menor no jogo. Esse valor determina a força de cada peça, considerando-se suas possíveis contribuições dentro da partida. Faça uma análise social dos papéis representados pelas peças de xadrez e estabeleça uma relação com os valores de cada uma delas dentro do jogo, discorrendo sobre a representatividade do xadrez na sociedade atual.

2. Há diversas metodologias de ensino do xadrez, seja para crianças, seja para adultos ou idosos. Neste livro, apresentamos uma sugestão de metodologia de iniciação ao xadrez que leva em consideração a força progressiva de cada peça e a complexidade de sua movimentação. Com base nos conhecimentos adquiridos ao longo deste capítulo, desenvolva uma metodologia de ensino da movimentação das peças e do objetivo do jogo de xadrez (xeque, xeque-mate e lance ilegal) que você aplicaria, caso viesse a trabalhar com o ensino de xadrez em escolas, clubes ou outros espaços.

Atividade aplicada: prática

1. O xeque-mate é o objetivo do jogo de xadrez. Significa que o rei está atacado e não há nenhuma casa segura para a qual ele possa fugir, não há nenhuma peça que possa bloquear a linha de ameaça e não há nenhuma peça capaz de capturar a peça adversária que está realizando o ataque. Nos dois diagramas apresentados a seguir, é a vez de as peças brancas jogarem e é possível aplicar um xeque-mate neste lance. Descubra qual é o lance que encerra a partida em cada diagrama.

Figura A Xeque-mate em uma jogada

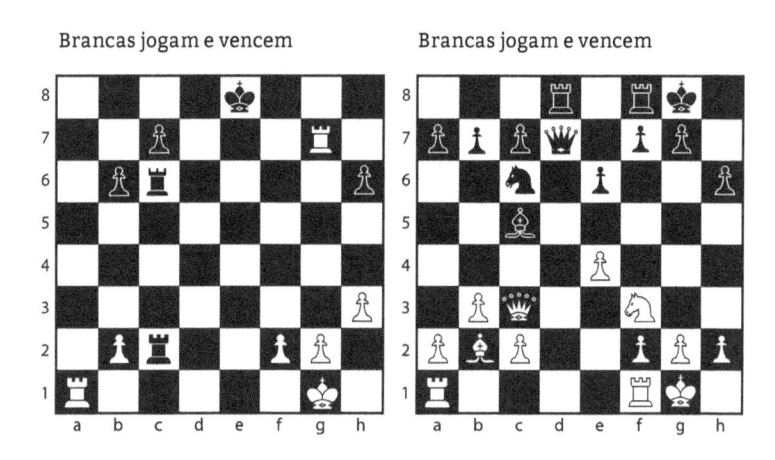

Brancas jogam e vencem   Brancas jogam e vencem

Capítulo 3

O início da partida de xadrez – abertura

Augusto Cláudio Santa Brígida Tirado

Para jogar xadrez, é preciso compreender os movimentos básicos do jogo e as regras que o regem. Também é necessário aprender a coordenar as peças harmonicamente, considerando-se os princípios teóricos característicos de cada posição. Com as análises de partidas, desenvolvemos a compreensão dos movimentos e aprofundamos os aspectos táticos e estratégicos do jogo.

Com objetivos didáticos, a partida de xadrez foi dividida em três fases: 1) abertura; 2) meio-jogo; 3) final. Cada fase tem características bem definidas, e o jogador deve conhecê-las para ampliar o conhecimento sobre o jogo e evoluir tecnicamente. Essa divisão facilita o estudo independente das fases, contribuindo para o reforço da etapa em que o enxadrista apresente maior dificuldade.

Neste capítulo, abordaremos as anotações de partidas, os movimentos especiais e as aberturas, procurando apresentar orientações sobre métodos de estudo. Também enfocaremos a análise de partidas clássicas, desenvolvida pelos Grandes Mestres.

3.1 Conhecendo os movimentos especiais

As peças e os movimentos, o tabuleiro e a posição inicial das peças são informações básicas do xadrez. Também há três movimentos especiais que complementam essas informações e habilitam para jogar corretamente as partidas. Trata-se do roque, do *en passant* e da promoção, que são importantes durante as partidas tanto na defesa como no ataque.

Durante toda a partida, o jogador tem apenas uma oportunidade de movimentar duas peças simultaneamente, mas apenas o rei e uma das torres. Existem dois **roques** possíveis, o grande e o pequeno. Também ocorrem duas exceções aos movimentos já conhecidos, visto que o rei move duas casas e a torre pula o rei.

Figura 3.1 Roque pequeno e roque grande

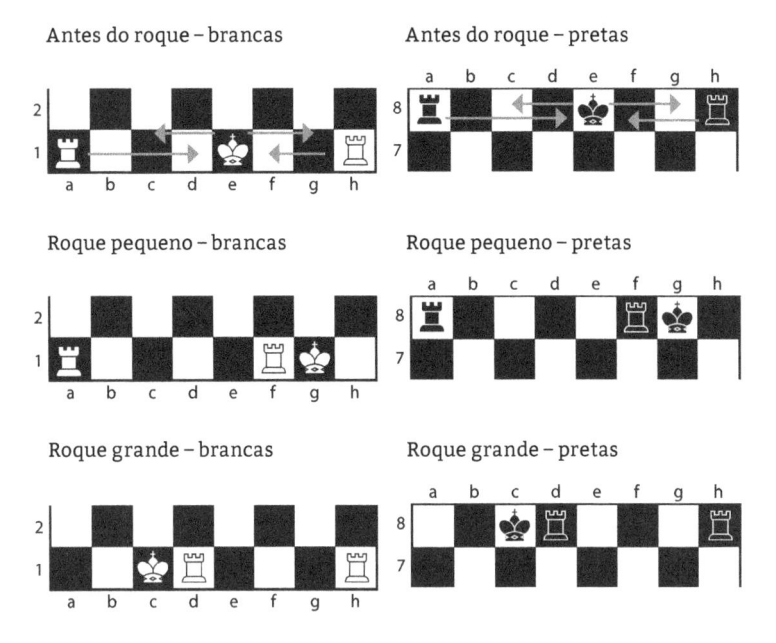

Antes do roque – brancas

Antes do roque – pretas

Roque pequeno – brancas

Roque pequeno – pretas

Roque grande – brancas

Roque grande – pretas

A Figura 3.1 apresenta os dois roques, dos jogadores das peças brancas e pretas. Escolhido um dos lados, o jogador move o rei duas casas em direção à torre, que pula o rei, ficando ao lado deste. Para efetuar o roque, é necessário obedecer a alguns critérios, como:

- O rei e a torre escolhida não foram movimentados.
- Não há peça entre o rei e a torre.
- O rei não está em xeque.
- O rei não passará por casa ameaçada.
- O rei não ficará em casa ameaçada.

O **en passant**, de origem francesa, tem o significado de "ao passar" e corresponde a uma captura de peão por peão, porém diferencia-se da captura normal.

Figura 3.2 Captura *en passant*, antes

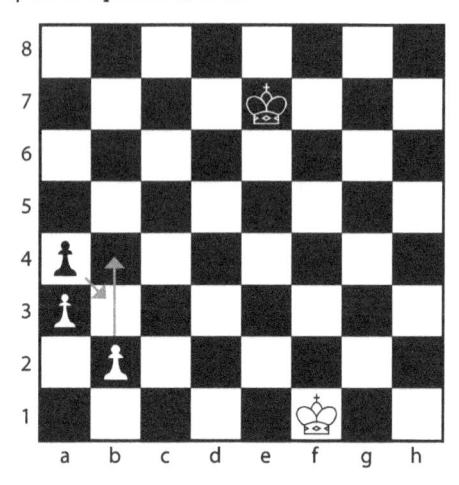

O peão de "b2" pode andar uma ou duas casas a partir da posição inicial, conforme demonstra a Figura 3.2.

Figura 3.3 Captura *en passant*, depois

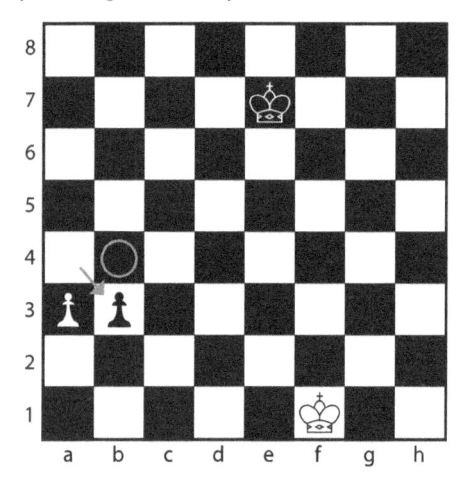

Quando o peão chegar a "b4" e ficar ao lado do peão adversário de "a4", poderá ser capturado como tivesse pulado uma casa, conforme apresentado na Figura 3.3. É possível realizar a captura por *en passant* de todos os peões que apresentem situação semelhante, mas a captura deverá ocorrer na sequência da jogada efetuada.

O último movimento especial é conhecido como **promoção** ou **coroação**.

Figura 3.4 Promoção ou coroação

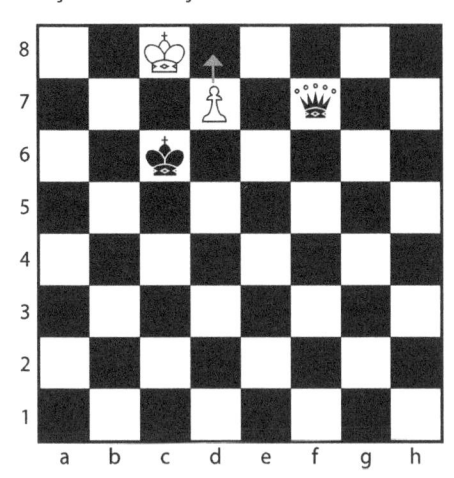

O peão, em virtude do movimento limitado, é considerado a peça de menor valor entre as demais. Entretanto, oferece uma vantagem em relação às outras, pois pode ser trocado por outra peça, o que ocorre quando atinge o outro lado do tabuleiro. O jogador poderá escolher entre o bispo, o cavalo, a torre e a dama para substituir a peça promovida.

Em geral, os jogadores escolhem a dama, por sua força de ataque. Na Figura 3.4, caso as peças brancas promovam o peão e optem pela dama, sofrerão xeque-mate com o movimento da dama preta em "b7". Nessa situação, a melhor escolha será um cavalo, pois ataca o rei e simultaneamente a dama, que será capturada em seguida. Em vista disso, o jogador deverá ponderar sobre a melhor escolha para a posição.

3.2 Notação algébrica da partida de xadrez

Os registros das partidas de xadrez permitiram conhecer a história do jogo e os principais protagonistas que ajudaram na evolução técnica dos enxadristas. A notação possibilitou que se avançasse nas várias fases das partidas – abertura, meio-jogo e final.

Conforme Blanco (1999), nos torneios, os jogadores têm a obrigação de anotar as jogadas das peças brancas e pretas, pois a súmula representa um documento que admite a inclusão das partidas em bases de dados. Atualmente, milhões de partidas estão disponíveis na internet e compõem a fonte de estudo dos jogadores na busca por opções inovadoras e eficientes para as competições.

Para as aulas, a súmula representa um recurso importante, uma vez que possibilita verificar os erros e os acertos durante o jogo dos alunos. A Federação Internacional de Xadrez (FIDE) reconhece a anotação algébrica como oficial.

Figura 3.5 Coordenadas para anotação

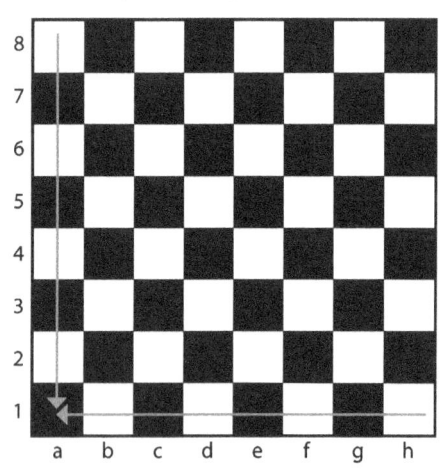

Para realizar o registro em notação algébrica, as linhas horizontais (filas) são numeradas de 1 a 8, e as linhas verticais (colunas) recebem letras de *a* até *h*, como demonstra a Figura 3.5. A numeração das filas tem como referência a posição inicial das peças brancas nas duas primeiras filas.

Cada casa do tabuleiro recebe uma denominação, composta de uma letra, correspondente à coluna, e um de número, correspondente à fila. Assim, na casa da coluna "a" que coincide com a fila 1, temos a casa "a1".

Para indicarmos a peça movimentada, utilizamos a letra inicial em maiúscula, como R de *rei*, D de *dama*, T de *torre*, C de *cavalo* e B de *bispo*. O peão, diferentemente das demais peças, não é representado pela letra inicial. Desse modo, para registrarmos uma jogada, usamos a letra inicial da peça seguida da casa em que essa peça foi parar (Tirado; Silva, 2010).

Figura 3.6 Registrando os lances

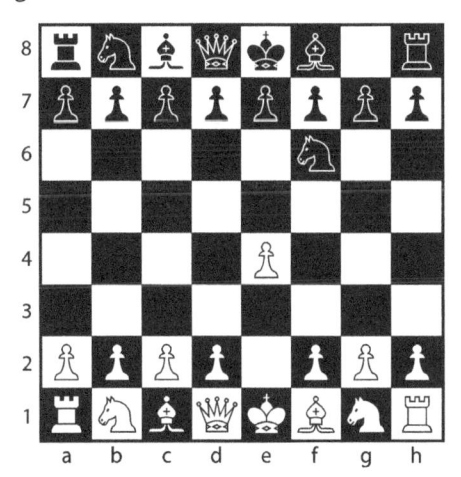

Na Figura 3.6, foram executados um movimento das brancas e outro das pretas. O movimento deve ser numerado, e o lance, registrado.

Quadro 3.1 Súmula para anotar os lances

Número	Brancas	Pretas
1	e4	Cf6

A leitura do Quadro 3.1, quanto à primeira jogada branca, corresponde ao movimento do peão jogado em "e4", pois nos movimentos de peões apenas registramos a casa em que eles foram parar. As pretas movimentaram o cavalo para a casa "f6". Assim, os movimentos são registrados em colunas na súmula.

Quadro 3.2 Registro de uma partida

Brancas:	Quesada Perez, Yuniesky
Pretas:	Salaun, Yann
Resultado	1-0
1.e4 e5 2.Cf3 Cc6 3.Bb5 a6 4.Ba4 Cf6 5.O-O Cxe4 6.d4 Be7 7.Te1 f5 8.dxe5 Cc5 9.c4 Cxa4 10.Dxa4 Cb4 11.Db3 O-O 12.c5+ 1-0	

Fonte: Elaborado com base em Chessbase, 2022.

No Quadro 3.2, a partida foi composta de 12 lances, e o primeiro, "1.e4 e5", corresponde aos movimentos de um peão branco e de um peão preto, separados por espaço, em sequência linear. O segundo lance, "2.Cf3 Cc6", indica que as peças brancas jogaram o cavalo na casa "f3", e as pretas, o cavalo em "c6". A letra inicial maiúscula corresponde à peça, e a minúscula seguida do número indica a casa para onde a peça foi.

Outro detalhe importante refere-se ao quinto lance, "5.O-O Cxe4". O "O-O" representa o movimento especial realizado pelas brancas, denominado *roque*, e "Cxe4" indica que o cavalo preto capturou a peça que está em "e4", no caso, o peão. A partida terminou na jogada "12.c5+", com a vitória das brancas, "(1-0).ab".

Utilizamos algumas indicações para representar movimentos ou situações do jogo, como:

- roque pequeno;
- roque grande;
- x (indica captura de peça);
- + (indica xeque);
- ++ (indica xeque-mate);

- ep (indica captura por *en passant*);
- = (indica promoção de peão).

Para registrar o resultado da partida, utilizamos:

- 1-0 (vitória das brancas);
- 0-1 (vitória das pretas);
- ½ (empate).

3.3 Princípios da abertura no jogo de xadrez

Conforme Becker (1990), após o primeiro lance, poderão surgir 400 posições distintas; após os quatro primeiros movimentos, 318.979.564.000 e, depois dos dez primeiros, 169.518.829.100.5 44.000.000.000.000.000 posições distintas.

A quantidade de informação vai além da capacidade humana de conhecer todas as possibilidades, e isso foi percebido pelos enxadristas do passado. Assim, passaram a ser realizados estudos das aberturas, apoiados nas experiências dos grandes jogadores de cada época e documentados em livros com análises de suas partidas.

Dessa forma, as aberturas e suas variantes receberam o nome dos exímios enxadristas que contribuíram para a evolução teórica do esporte: *defesa Damiano*, *abertura Ruy López*, *abertura Gambito Evans*, *ataque Greco* etc.

Curiosidade

A anotação algébrica, utilizada para registrar as partidas, foi desenvolvida por Philip Stamma em 1745. Como vimos, é empregado o sistema de coordenadas, no qual as linhas são numeradas de 1 a 8 e as colunas recebem letras de *a* até *h*. Também são usadas as iniciais das peças jogadas, exceto com os peões (Lasker, 1999).

Assim, "a3" representa um movimento de peão para essa casa, e "Bc4" indica que o bispo foi jogado para a casa "c4". Esse sistema facilitou as publicações de xadrez e viabilizou a leitura pelos enxadristas, independentemente do país de origem.

Com as inúmeras aberturas e variantes, como podemos escolher os movimentos que permitam um jogo apropriado para a fase inicial?

Os lances iniciais devem ter como objetivo o desenvolvimento, o centro e a segurança do rei. Cada jogada precisa considerar os três objetivos, procurando dificultar a realização destes pelo adversário.

O desenvolvimento consiste na liberação das peças para jogo o mais rápido possível. Na ordem, podemos avançar os peões centrais para abrir as linhas dos bispos e da dama e pressionar o centro. Então, os cavalos deverão entrar em ação e ser colocados em jogo, seguidos dos bispos.

Figura 3.7 **Desenvolvimento**

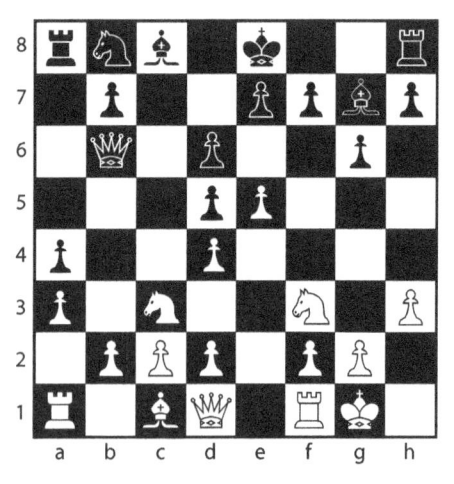

Na Figura 3.7, a posição das peças brancas apresenta melhor desenvolvimento; consequentemente, elas têm as melhores possibilidades de ataque.

Considerando as peças de forma independente, podemos verificar que os cavalos brancos estão atuantes e atacando as casas centrais. O bispo branco em "c1", de casa escura, tem a diagonal livre, e os peões em "d4" e "e5" ocupam o centro, dominando espaço no território das peças pretas. O rei está protegido atrás dos peões, enquanto a torre e a dama estão prontas para entrar em ação.

Quando verificamos a posição das peças pretas, podemos observar o atraso em posicionar os elementos para o combate. O cavalo não entrou no jogo, e o rei não está em posição segura, sofrendo pressão no centro.

As peças devem estar direcionadas para o centro, pois quem domina as casas centrais normalmente obtém vantagem posicional. As quatro casas que compõem o pequeno centro são "e4", "e5", "d4" e "d5"; no grande centro estão as casas "c6", "d6", "e6", "f6", "f5", "f4", "c3", "f3", "e3", "d3", "c3", "c4" e "c5", representadas na Figura 3.8, a seguir.

Figura 3.8 Os centros

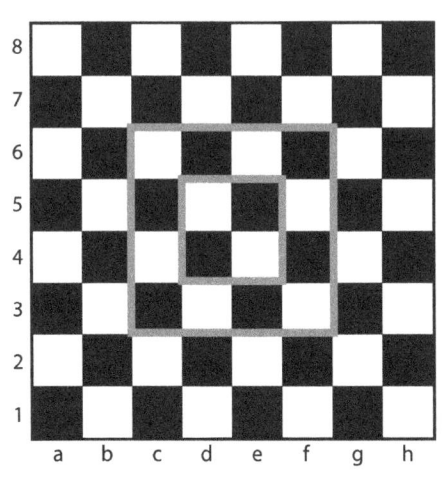

Para o domínio do centro, o jogador pode ocupá-lo ou direcionar as peças para dominá-lo a distância. Portanto, no avanço dos peões centrais, da coluna "d" e da coluna "e", eles atuam diretamente nessas casas, seja ocupando, seja atacando.

O rei deve ficar bem protegido durante a abertura, pois, estando todas as peças sobre o tabuleiro, aumentam os riscos de um ataque ao rei. A estrutura de peões protege o rei e as demais peças; com isso, cada movimento de peão deve ser planejado.

Figura 3.9 Estrutura do roque

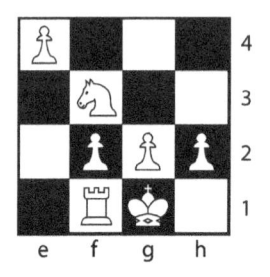

A Figura 3.9 exemplifica a posição do rei branco após o roque pequeno. A defesa do rei conta com a proteção dos peões, o cavalo em "f3" e a torre. Portanto, é preciso defender o rei com poucas peças e concentrar as demais no ataque. O roque pequeno pode ser feito em apenas quatro lances a partir da posição inicial e evita combinações de ataques durante a abertura.

3.4 Principais aberturas e defesas e suas linhas

As melhores aberturas lutam pelo domínio das casas centrais, seja ocupando as casas, seja atacando com as peças, como os bispos e os cavalos. Movimentos em desacordo com esse propósito criam problemas de espaço e dificultam a coordenação das peças.

A Figura 3.10 mostra o avanço dos peões brancos e pretos.

Figura 3.10 Aberturas

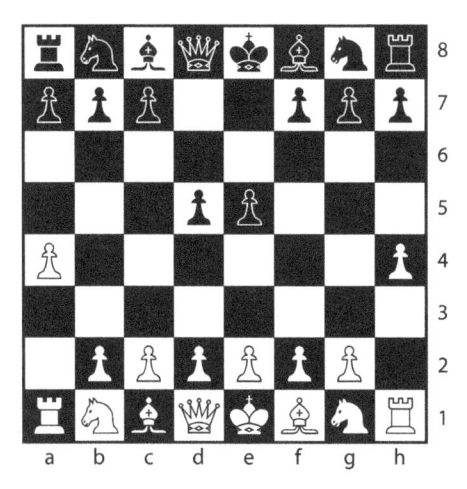

Na figura, o movimento dos peões laterais (peças brancas) não luta pelo centro e apenas libera as torres. Além disso, as torres não poderão entrar em ação, pois os bispos pretos estão atacando as casas "a3" e "h3". As peças brancas continuam confinadas em suas casas e sem aberturas de linhas. No caso das peças pretas, os peões dominam o centro, e os movimentos liberam os bispos, a dama e o rei, desocupando suas casas iniciais para os cavalos. Por conseguinte, as pretas estão com vantagem e deverão libertar as demais peças, colocando o rei em segurança para iniciar ofensivas na posição do oponente.

Para o aprendizado de algumas aberturas e a identificação de seus objetivos, consideramos a divisão em três categorias: 1) aberturas abertas; 2) aberturas semiabertas; e 3) aberturas cerradas.

3.4.1 Aberturas abertas

Consideram-se aberturas abertas aquelas em que os enxadristas jogam "1.e4 e5". Esses movimentos iniciais permitem inúmeras variações de jogadas por parte de ambos os jogadores. O combate procura o centro como objetivo imediato por meio da retirada dos cavalos e dos bispos.

Figura 3.11 Aberturas abertas

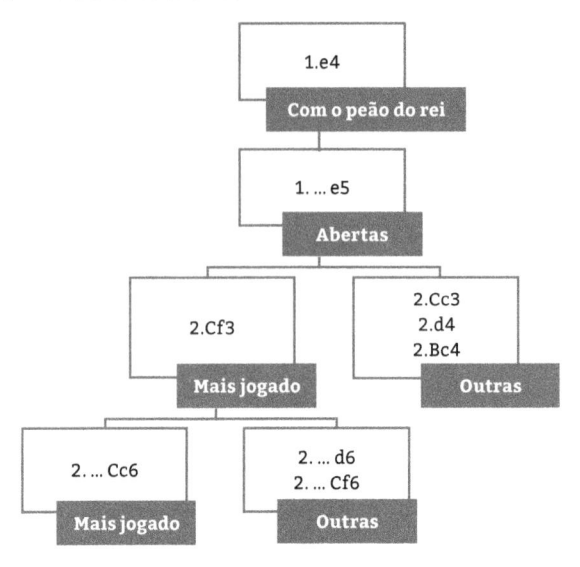

```
                        1.e4
                  Com o peão do rei
                        
                        1. ... e5
                        Abertas
                    
           2.Cf3              2.Cc3
                              2.d4
                              2.Bc4
        Mais jogado           Outras
        
    2. ... Cc6         2. ... d6
                       2. ... Cf6
    Mais jogado        Outras
```

A Figura 3.11 apresenta a estrutura de aberturas abertas, em que surgem novas ramificações, ampliando as possibilidades de respostas do oponente. As reticências nos blocos da figura indicam o lance branco já citado no bloco superior. Com o avanço dos peões da coluna "e", o combate fica concentrado sobre eles e, com os ataques dos peões laterais, a abertura de linhas ocorre com frequência. Assim, as jogadas com o peão do rei produzem posições abertas e repletas de ataques táticos.

Entre as opções, a variante jogada com maior frequência pelas brancas é "2.Cf3", que forma novas ramificações para as peças pretas.

Defesa Petroff

As denominadas *defesas* nas aberturas são determinadas pelos lances das peças pretas. Na defesa Petroff, as pretas executam lances similares aos efetuados pelas peças brancas, conforme a notação a seguir. Os lances estarão relacionados em sequência e, à medida que avançarmos na abertura, apresentaremos algumas opções dos jogadores.

1.e4 e5 2.Cf3 Cf6

É possível repetir alguns lances do adversário, mas o jogador deverá estar atento e identificar o momento exato para parar. Continuando a partida, as brancas capturam o peão em "e5", registrado com a seguinte notação:

3.Cxe5

Em vez do lance "3.Cxe5", as brancas podem jogar "3.d4", que representa igualmente uma boa alternativa. Outras jogadas são possíveis, mas as relacionadas são as utilizadas com maior frequência. As pretas continuam com:

3. ... d6

Para não caírem em uma armadilha, as peças pretas devem espantar o cavalo antes de capturar o peão. Caso as pretas tivessem capturado o peão, com "3. ... Cxe4", o jogo seguiria com "4.De2", "Cf6" e "5.Cc6+", com a captura da dama preta no próximo lance.

4.Cf3 Cxe4

Após a retirada do cavalo branco para "f3" conforme a sequência das jogadas, as pretas recuperam o peão perdido no terceiro lance.

5.d4 d5 6.Bd3 Cc6 7.0-0 Be7 8.c4 =

O jogo está equilibrado; falta desenvolver o cavalo branco, e as peças pretas devem efetuar o roque.

Defesa Philidor

1.e4 e5 2.Cf3 d6

O movimento do peão em "2. ... d6" determina a defesa Philidor. Esse lance retarda a retirada dos cavalos e fortalece o peão de "e5".

3.d4

As peças brancas normalmente jogam esse lance para atacar o peão da linha "e", seja nesse lance, seja em outros. Sem a tentativa de ruptura no centro, as peças pretas jogarão com tranquilidade.

As peças pretas podem aceitar a troca de peões, o que resultará em outra variante. Assim, é aliviada a pressão em "e5", cedendo-se espaço para as brancas, mas com posição sólida para as pretas.

3. ... Cf6 4.Cc3 Cbd7

As brancas e as pretas fortalecem os pontos centrais com o apoio dos cavalos.

5.Bc4 Be7 6.0-0 0-0

Os jogadores completam o desenvolvimento e colocam o rei em segurança.

7.De2 c6 8.a4

O lance "a4" controla a expansão das peças pretas na ala da dama.

Dc7 9.h3 b6

A posição apresenta equilíbrio, com possível expansão dos peões na ala da dama.

Abertura espanhola ou Ruy López

Desenvolvida no século XVI, a abertura espanhola ou Ruy López é objeto do desenvolvimento de abundantes estudos.

1.e4 e5 2.Cf3 Cc6 3.Bb5

O movimento com o bispo pressiona o cavalo e, assim, enfraquece a defesa do peão de "e5".

3. ... a6

O avanço do peão preto representa a defesa Morphy, a jogada popular nessa abertura. As peças brancas podem escolher a troca ou retirar o bispo por "a4", mantendo a pressão, e depois deslocar o bispo para "b3" e "c2".

4.Ba4 Cf6

As peças pretas desenvolvem o cavalo, atacando o peão central e procurando o controle da casa "d5".

5.0-0 Be7

Os jogadores procuram complementar o desenvolvimento e a proteção do rei.

6.Te1 b5

As peças brancas colocam a torre na coluna "e", protegendo o peão e apoiando possíveis avanços. O domínio da coluna também pode ser facilitado caso haja alguma troca do peão central.

7.Bb3 0-0

O bispo em "b3" direciona o ataque para a casa "f7" e "d5", enquanto as peças pretas procuram complementar a proteção do rei.

8.c3 d6

As peças brancas abrem uma casa de fuga para o bispo, podendo ocupar agora a diagonal "b1" a "h7". Dessa forma, fortalecem o centro e direcionam a peça para o roque adversário. Enquanto isso, as peças pretas fortalecem o ponto "e5", alvo de ataques.

9.d3 Ca5

"Ca5" ameaça o bispo em "b3", liberando o peão de "c7".

10.Bc2 c5

As peças pretas ampliam o espaço na ala da dama.

11.Cbd2 Cc6

Para as peças brancas, faltava colocar o cavalo em jogo e, para as pretas, melhorar a posição do cavalo.

12.Cf1 Te8

As peças brancas articulam para organizar o ataque na ala do rei, e as peças pretas fortalecem o centro para atuar diretamente na ala da dama.

13.Ce3 Bf8

As manobras visam ao domínio das casas centrais e a preparativos para as incursões em alas ou rupturas pelo centro.

14.a4 Bb7

O jogo está equilibrado, com possibilidades para ambos.

Abertura italiana

Uma das primeiras aberturas colocadas em prática na história, ainda frequente em torneios, é a abertura italiana (Becker, 1990).

1.e4 e5 2.Cf3 Cc6 3.Bc4 Bc5

Nessa abertura, os jogadores direcionam o ataque para "f2" e "f7". Essas casas são usadas como porta de entrada para ataques decisivos nas partidas.

4.c3 Cf6

As peças brancas procuram apoiar o avanço do peão central, enquanto as pretas desenvolvem e atacam o centro.

5.d4 exd4

As peças brancas contam com dois peões no centro, mas o jogo aberto possibilita ataques diretos ao rei.

6.cxd4 Bb4+

É necessário analisar as jogadas com rigor, pois a avaliação correta facilita a identificação das ameaças e dos problemas criados e pode determinar a vitória ou a derrota do jogador.

7.Cc3 Cxe4

As peças pretas ganham um peão em troca do desenvolvimento.

8.0-0 Axc3

As peças pretas devem tomar decisões imediatas, pois estão sob ataque.

9.d5 Bf6

As peças brancas poderiam capturar o bispo, mas escolhem atacar o cavalo em "c6". O lance evita a jogada do peão preto em "d5", lance que liberaria o bispo em "c8", e desafoga a posição, pois o rei não realizou o roque ainda.

10.Te1 Ce7

As peças brancas estão em posição ativa em troca do peão.

11.Txe4 d6

Nessa posição, as peças pretas escaparam das inúmeras ciladas existentes nessa abertura. Elas mantêm a vantagem de um peão, mas deverão ficar atentas para não sofrerem um golpe tático.

3.4.2 Aberturas semiabertas

Os movimentos que caracterizam as aberturas semiabertas correspondem àqueles em que as peças pretas respondem com um lance diferente de "e5" para o lance "1.e4" das peças brancas.

Figura 3.12 Aberturas semiabertas

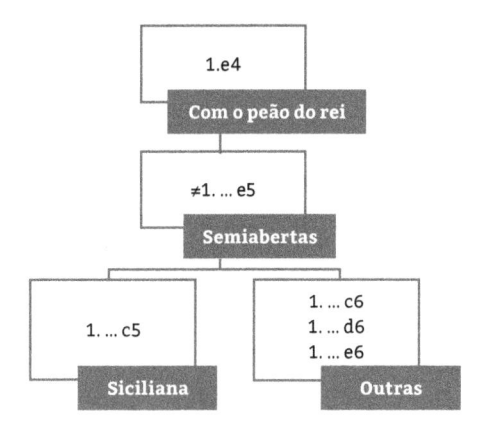

```
                    1.e4
              Com o peão do rei
                    ≠1. ... e5
                  Semiabertas
           ┌──────────────┴──────────────┐
                                    1. ... c6
        1. ... c5                   1. ... d6
                                    1. ... e6
        Siciliana                     Outras
```

As aberturas semiabertas da Figura 3.12 apoiam os avanços dos peões centrais ou procuram controlar alguma dessas casas do centro. Entre as opções consideradas, a defesa siciliana é utilizada com grande frequência, pois disponibiliza inúmeros recursos de contra-ataque.

Defesa siciliana

A defesa siciliana busca assimetria na posição, atuando no centro com o peão de "c". Entretanto, libera somente a dama, e as peças brancas mantêm a dianteira do desenvolvimento.

1.e4 c5

Um dos objetivos do peão em "c5" é eliminar o peão central das peças brancas, permanecendo dois peões pretos centrais ("d" e "e").

2.Cf3 Cc6

O lance de desenvolvimento procura dominar o centro.

3.d4 cxd4

As peças brancas terão a coluna "d", e as pretas, a coluna "c".

4.Cxd4 Cf6

O peão em "e4" das peças brancas permanece como alvo das pretas.

5.Cc3 d6

As peças brancas atuam no centro, com o cavalo, e as pretas controlam "e5", por meio do avanço do peão em "d6".

6.Bg5 e6

As peças brancas procuram anular o cavalo em "f6", pois, em caso de retirada do cavalo, a dama poderá ser capturada pelo bispo situado em "g5".

7.Dd2 a6

As brancas procuram o roque grande.

8.0-0-0 Bd7

As peças pretas avançarão na ala da dama, e as brancas, na ala do rei.

9.f4 h6 10.Bh4 Tc8 11.Cf3 Da5 12.Rb1 b5

A posição tem um relativo equilíbrio, com tendência às peças brancas, que completaram o desenvolvimento e efetuaram o roque.

- Defesa Caro-Kann

1.e4 c6

O lance "c6" determina a defesa Caro-Kann. A princípio, podemos verificar que apenas a dama foi liberada e apoia o avanço do peão de "d".

2.d4 d5

As peças pretas procuram manter os peões no centro.

3.Cc3 dxe4

As peças brancas terão a coluna "e" semiaberta para explorar, e as pretas, em contrapartida, a coluna "d". As torres procurarão controlar e usar essas colunas como entrada para o território adversário.

4.Cxe4 Bf5

O bispo preto sai antes do avanço do peão de "e", caso contrário, ficaria preso atrás da cadeia de peões.

5.Cg3 Bg6

O bispo preto atrapalha a posição das brancas.

6.h4 h6

O jogador domina o espaço na ala do rei, pois o ataque ao bispo facilita isso.

7.Cf3 Cd7 8.h5 Bh7 9.Bd3 Bxd3

Após a expansão na ala do rei, as peças brancas forçam a troca dos bispos.

10.Dxd3 Dc7 11.Bd2 e6 12.0-0-0 Cgf6 13.Ce4 0-0-0

Ambos os reis estão seguros.

14.g3 Cxe4 15.Dxe4

O jogo está equilibrado, com maior espaço para as peças brancas, que atacam casas do território adversário.

Defesa francesa

Na defesa francesa, as peças pretas jogam o peão em "e6" para apoiar o movimento do peão central "d5".

1.e4 e6

Esta é a posição determinante da defesa francesa:

2.d4 d5

Os peões de "d" ficam bloqueados e, após o movimento de peão em "d5", as peças brancas poderão escolher entre o avanço do peão de "e", a troca de peões e a manutenção da proteção do peão de "e4".

3.Cc3 dxe4

As peças brancas controlam as casas centrais.

4.Cxe4 Cd7

As peças pretas retiram o cavalo para desenvolver as peças restantes.

5.Cf3 Cgf6

O desenvolvimento do cavalo ataca a peça branca em "e4".

6.Cxf6+ Cxf6

O cavalo de "f6" será substituído pelo cavalo em "d7".

7.Bd3 Be7

O bispo de casa branca procura a diagonal que ataca a casa "h7".

8.0-0 0-0

Agora os reis estão mais bem posicionados e cada jogador deverá buscar melhorias na posição e provocar debilidades na posição do adversário.

9.Bg5 c5

O ataque ao cavalo em "f6" neutraliza a peça para controlar as casas brancas, enquanto as peças pretas procuram o ataque direto no peão de "d4", pois esse peão não permite o avanço do peão de "e" e a liberação do bispo de casa branca.

10.dxc5 Bxc5

O jogo tende ao equilíbrio, mas o jogador das peças pretas necessita completar o desenvolvimento.

11.De2

As peças brancas têm vantagem de espaço e linhas abertas. O passivo bispo em "c8" precisa entrar em jogo, e as peças pretas devem buscar alternativas que ativem as demais peças.

3.4.3 Aberturas fechadas

As aberturas fechadas agrupam aquelas em que as peças brancas não iniciam com o peão do rei e conduzem para partidas estratégicas.

Figura 3.13 Aberturas fechadas

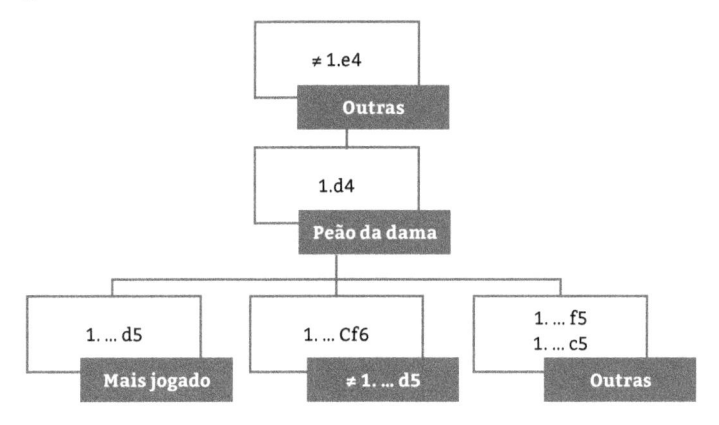

```
                    ≠ 1.e4
                    Outras

                    1.d4
                Peão da dama

    1. ... d5       1. ... Cf6       1. ... f5
                                     1. ... c5
    Mais jogado     ≠ 1. ... d5       Outras
```

A Figura 3.13 apresenta as aberturas fechadas e as sequências utilizadas. Como respostas usuais para o lance "d4", as peças pretas empregam frequentemente as jogadas "Cf6" e "d5".

- **Gambito da dama**

Essa abertura controla o centro rapidamente, e o peão tem a proteção direta da dama. O gambito corresponde ao sacrifício de um peão com um objetivo definido.

1.d4 d5

Procede-se à abertura de peão da dama.

2.c4 e6

O avanço do peão de "c4", sem proteção e atacando o peão preto de "d5", busca desviar o peão da dama preta para dominar o centro. As peças brancas conseguem recuperar o peão com facilidade jogando a dama em "a4+". As peças pretas podem aceitar o peão ou recusá-lo.

3.Cc3 Cf6

As peças pretas e brancas se desenvolvem naturalmente.

4.cxd5 exd5

A troca do peão lateral branco de "c4" pelo peão preto central de "d5" deixa o jogo das peças brancas com peões nas colunas "d" e "e", enquanto as pretas terão apenas o peão da coluna "d"

5.Bg5 Be7

As peças brancas retiram o bispo antes de avançar o peão de "e". Assim, atacam o cavalo e procuram enfraquecer a defesa do peão de "d". O bispo preto em "e7" defende o cavalo e libera a linha para o roque.

6.e3 0-0

As peças brancas têm a ala do rei para desenvolver, e as pretas, a ala da dama.

7.Bd3 Cbd7

As peças brancas e pretas seguem o desenvolvimento. O cavalo preto saiu por "d7" para deixar livre o movimento do peão de "c" e apoiar possível avanço.

8.Dc2 Te8

A dama branca e a torre preta procuram ocupar as colunas semiabertas. As brancas miram em "h7" e vigiam "e4", que poderá servir de base para o posicionamento de uma peça preta.

9.Cf3 Cf8

As peças brancas prosseguem com o desenvolvimento, e as pretas fortalecem a defesa de "h7".

10.0-0 c6

Agora as peças brancas concluem o desenvolvimento, e as pretas reforçam "d5".

11.Tab1 Bd6

O jogo está igualado, com oportunidades para ambos os jogadores.

Defesa índia do rei

1.d4 Cf6

As peças brancas ocupam o centro com o peão, e as pretas procuram controlar as casas "e4" e "d5" com o cavalo.

2.c4 g6

O lance "g6" libera a casa para colocar o bispo em "g7". Essa manobra de colocar o bispo na grande diagonal é denominada *fianqueto*.

3.Cc3 Bg7

As peças brancas concentram o ataque em "e4" e "d5", enquanto as pretas, com o bispo na diagonal, atuarão nas casas pretas.

4.e4 d6

As peças brancas ampliam o domínio do centro, enquanto as pretas atacarão de longe as casas centrais com o bispo e, com o lance de peão em "d6", vigiam o possível avanço do peão branco em "e5".

5.Cf3 0-0

As peças brancas seguem desenvolvendo e fortalecendo o centro, e as pretas concluem o desenvolvimento.

6.Be2 e5

Enquanto as peças brancas continuam o desenvolvimento, as pretas iniciam as ofensivas para lutar pelo centro do tabuleiro.

7.d5 a5

Nessa variante, "d5" bloqueia a posição, enquanto "a5" surge para conter o avanço de peões na ala e deixar livre para o cavalo a casa "c5".

8.Bg5 h6 9.Bh4 Ca6 10.Cd2 De8 11.0-0 Ch7 12.a3 Bd7

A partida apresenta possibilidades iguais. As peças brancas podem atacar na ala da dama, e as pretas na ala do rei, onde têm maior concentração de peças.

3.5 Xadrez e desenvolvimento cognitivo

O que faz um jogador atingir a excelência no jogo de xadrez? Para Yusupov (1992), isso envolve diversos aspectos, além do talento e do trabalho. Também estão incluídos aspectos físicos e psicológicos e a organização dos estudos. Entretanto, a análise ocupa o centro no processo de treinamento. Desenvolver a capacidade de análise das próprias partidas, conhecendo o legado dos Grandes Mestres do passado, permite a melhoria do enxadrista e a obtenção de melhores resultados.

Esse método amplia a capacidade do enxadrista de buscar a solução de situações-problema, por meio das novas informações adquiridas, adaptando-as, quando necessário, e evoluindo nas habilidades da percepção.

O exercício contínuo e a organização na esfera cognitiva valorizam o xadrez no campo educacional, em que o jogo permite fortalecer as capacidades mentais por meio da ludicidade (Blanco, 2012).

A psicologia cognitiva é uma área do conhecimento com grande número de pesquisas que visam entender como o Grande Mestre observa, pensa e joga xadrez. Há estudos relacionados à memória, à percepção, à representação espacial, à representação temporal, à transmissão de estruturas ou estratégias, à análise, entre outros temas (Silva, 2012).

Binet (1894) iniciou as pesquisas sobre o processo do pensamento enxadrístico, analisando aspectos como memória, imaginação, concentração e inteligência. Posteriormente, outras pesquisas foram desenvolvidas, abordando diferentes temas no campo da cognição.

Conforme Blanco (2012), algumas das características próprias da prática enxadrística apresentam implicações educativas. O sistema de coordenadas, a observação de posições e as relações materiais atuam na capacidade de observação e inteligência espacial. Os enxadristas estão constantemente solucionando problemas e são forçados a escolher a melhor opção, após profunda análise do jogo. Dessa forma, desenvolvem a autonomia do pensamento e a capacidade de decisão.

A busca entre variadas alternativas leva ao aperfeiçoamento das avaliações das posições do jogo. Assim, esse processo contínuo, entre acertos e erros, atua diretamente no desenvolvimento da autoestima.

Igualmente, os estudos antes das partidas contribuem para o desenvolvimento de cálculo, planificação e compreensão do jogo. Portanto, exercitam a síntese, o pensamento abstrato e a criatividade (Blanco, 2012).

No entanto, para que o jogo de xadrez sirva como ferramenta pedagógica, são importantes o envolvimento do aluno, a prática continuada, o estudo, a análise e a revisão de erros na busca de melhores variantes.

Síntese

Neste capítulo, enfocamos os movimentos especiais do xadrez, parte das informações básicas para saber jogar conforme as regras. Também abordamos anotações de partidas e o valor para o registro, estudo e treinamento das partidas.

Os princípios da abertura de jogo ajudam a encontrar caminhos entre as inúmeras variantes que podem se originar dos movimentos iniciais; além disso, conferem sentido às jogadas das aberturas existentes.

Entre as variadas formas de iniciar o jogo, algumas são jogadas com maior frequência e submetidas a diversas análises. Examinamos algumas dessas aberturas, destacando as ideias centrais e os objetivos existentes. Dessa forma, indicamos recursos técnicos orientadores para a aprendizagem e o ensino do jogo no ambiente educacional.

Em complemento, tratamos das pesquisas sobre os benefícios da prática do xadrez com a inserção do jogo no ensino, buscando identificar aspectos importantes para a educação que podem ser trabalhados com o xadrez.

Atividades de autoavaliação

1. Considerando as inúmeras possibilidades criadas conforme movimentamos as peças na abertura, é correto afirmar que:
   a) devemos avançar todos os peões nos movimentos iniciais, para tirar espaço do oponente.
   b) o centro, o desenvolvimento e a proteção do rei são objetivos nas aberturas.
   c) a dama deve sair rapidamente, com a finalidade de capturar as peças adversárias.
   d) o rei deve permanecer no centro do tabuleiro e, assim, contribuir para o domínio dessa área.
   e) os peões das colunas "a" e "h" procuram atacar as casas do pequeno centro.

2. Assinale com V (verdadeiro) ou F (falso) as seguintes afirmações sobre os movimentos especiais:
   ( ) Para realizar o roque, a torre não deve estar ameaçada.
   ( ) O *en passant* ocorre apenas com os peões.
   ( ) O peão promovido poderá ser trocado apenas por uma peça já capturada.
   ( ) Promovendo todos os peões, um dos jogadores poderá ficar com nove damas sobre o tabuleiro.
   Agora, marque a alternativa que apresenta a sequência correta:
   a) V, F, V, F.
   b) F, V, F, V.
   c) F, F, F, V.
   d) F, F, V, V.
   e) V, F, F, V.

3. Assinale a alternativa que apresenta corretamente a anotação que corresponde à partida da figura a seguir:

Figura A Abertura italiana

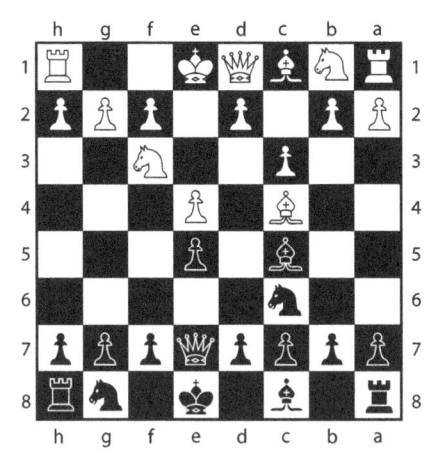

a) 1.e4 e5 2.Cf3 f5 3.Cxe5 Cf6 4.Bc4 fxe4
b) 1.e4 e5 2.d4 exd4 3.Cf3 Cc6 4.Bc4 Cf6
c) 1.e4 e5 2.Cc3 Cc6 3.d3 Cf6 4.Bg5 Bb4
d) 1.e4 e5 2.Cf3 Cc6 3.Bc4 Bc5 4.c3 De7
e) 1.c4 Cf6 2.Cc3 g6 3.d4 Bg7 4.e4 d6

4. Assinale com V (verdadeiro) ou F (falso) as seguintes afirmações sobre as aberturas:

( ) "1.e4 e5" corresponde aos lances de uma abertura fechada.
( ) A abertura espanhola ou Ruy López corresponde a uma abertura semiaberta.
( ) A defesa siciliana corresponde a uma abertura semiaberta.
( ) Em aberturas fechadas, o jogador das peças brancas não inicia a partida com o peão do rei ("e4").

Agora, marque a alternativa que apresenta a sequência correta:

a) V, F, V, F.
b) F, V, F, V.
c) F, F, F, V.
d) F, F, V, V.
e) V, F, F, V.

5. Considerando-se os aspectos gerais do treinamento, qual tópico ocupa o centro no processo do preparo competitivo? Marque a única alternativa correta:
   a) Amistosos.
   b) Prática.
   c) Memória.
   d) Análise.
   e) Preparação física.

Atividades de aprendizagem

Questões para reflexão

1. Conforme estudamos neste capítulo, existem variadas formas de iniciar o jogo de xadrez. Para facilitar a compreensão de posições complexas, os enxadristas procuram orientação em princípios para, assim, efetuar melhores escolhas durante as partidas. Para melhorar sua capacidade de análise, procure aprofundar seu conhecimento selecionando partidas comentadas. Faça sua análise, anote os comentários e compare-os com os comentários do livro.

2. Reveja o conteúdo que trata das aberturas abertas, semiabertas e fechadas. Procure entender a diferenciação entre elas e selecione as que você gostaria que fizessem parte de seu repertório como enxadrista. Para maior aprofundamento, procure em outras fontes mais informações sobre as aberturas selecionadas.

Atividade aplicada: prática

1. A análise de partida permite a compreensão das ideias centrais das aberturas e o aprofundamento na teoria que as fundamenta. Escolha uma partida em livros que contenham jogos comentados, cubra os comentários e escreva suas próprias análises. Depois, compare seus comentários com os do livro escolhido.

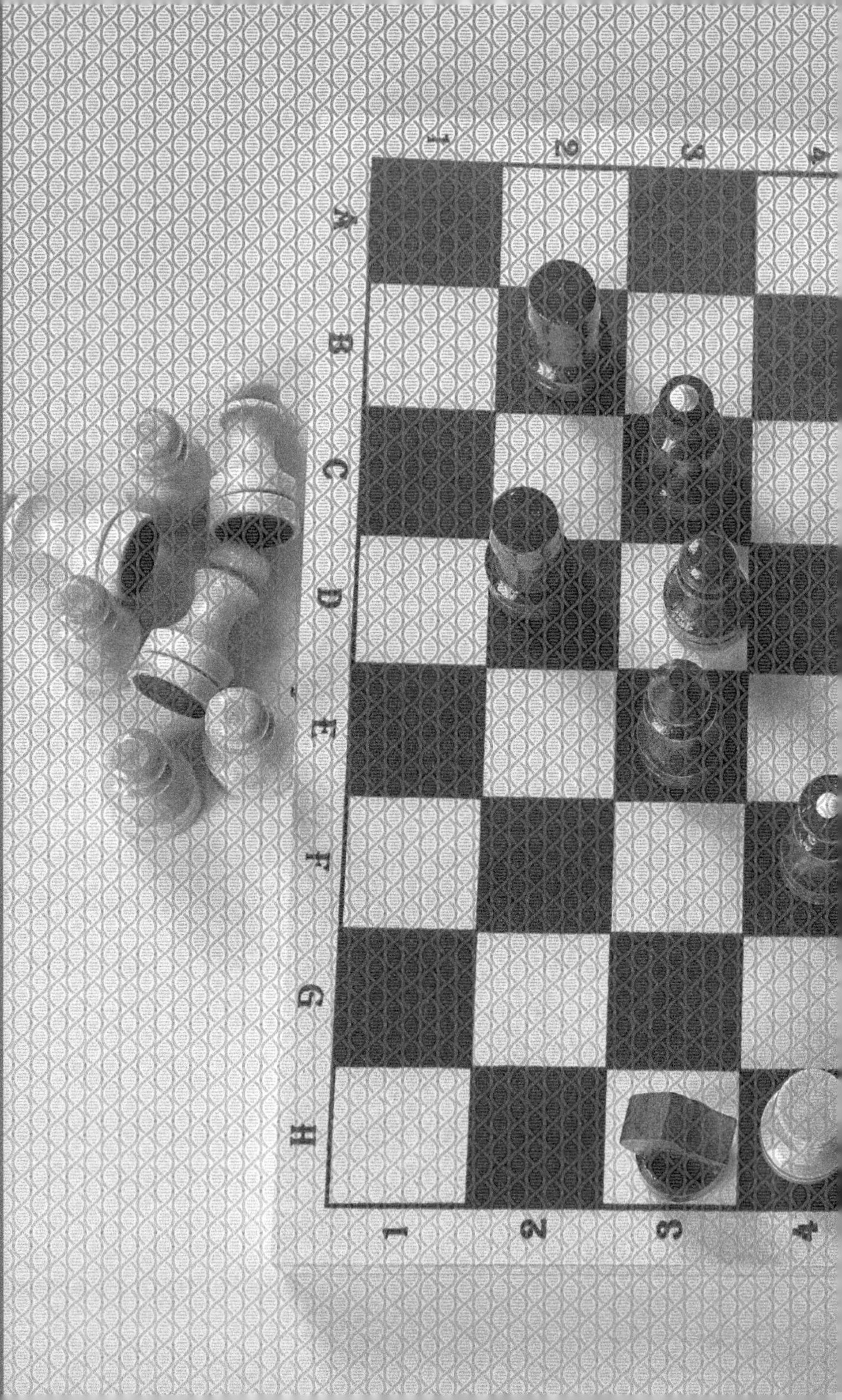

A
B
C
D
E
F
G
H
1
2
3
4

Capítulo 4

A condução da partida de xadrez – meio de jogo

Augusto Cláudio Santa Brígida Tirado

Para colocar as peças em jogo adequadamente, é preciso considerar as aberturas e seus conceitos. Depois de devidamente posicionadas as peças, ocorre a fase do meio de jogo, em que a estratégia e a tática prevalecem. O conhecimento das posições resultantes das aberturas escolhidas também contribui para o bom andamento da partida.

Neste capítulo, mostraremos que a tática possibilita ao jogador ganhar material, criar debilidades, obter posição favorável ou dar xeque-mate. Conhecer os modelos de golpes táticos permite visualizá-los com rapidez durante a partida, adaptando-os quando necessário em situações análogas.

Veremos que a estratégia consiste em observar os pontos fortes e fracos da própria posição e da posição adversária e, logo, determinar o plano que melhor se encaixe na configuração das peças. Nessa fase, tudo deve ser considerado – cavalos, bispos, torres, dama, rei e a estrutura dos peões.

A estrutura dos peões, base das aberturas, determina os planos de ataques. Quando adequadamente apoiados pelas demais peças, os peões rompem a posição e abrem linhas que favorecem a entrada das peças para a caçada ao rei.

Portanto, a compreensão do meio de jogo permite ao jogador obter recursos indispensáveis para a vitória.

Finalizando o capítulo, trataremos da anotação, aprofundando o conteúdo referente ao registro das partidas e seus lances, com as simbologias adotadas nesse âmbito.

4.1 Características do meio de jogo do xadrez

Segundo Hellsten (2014), o meio-jogo é a fase que apresenta a maior dificuldade entre todas as etapas do jogo, certamente por incluir desafios estratégicos complexos e envolver amplo conhecimento dos modelos táticos.

As manobras, durante essa etapa, consistem na melhoria do posicionamento das peças e na tentativa de desarticular a harmonia do jogo rival. Quando o enxadrista alcança êxito e conquista vantagem posicional, surgem golpes táticos, e a avaliação correta conduz ao caminho da vitória.

4.1.1 Estratégia

Znosko-Borovsky (1954) foi um dos primeiros jogadores a estabelecerem a base para o estudo de meio-jogo, apresentando seus elementos essenciais – espaço, tempo e força. O espaço corresponde ao domínio do maior número de casas sobre o tabuleiro, sendo priorizadas as casas centrais. O tempo representa o menor número de movimentos para realizar um plano. A força compreende a convergência das linhas das peças em um setor do tabuleiro.

Para jogar adequadamente as partidas de xadrez, o jogador precisa elaborar planos que conduzam a partida, conciliando todos os elementos – trata-se do plano estratégico. Assim, o modo como o enxadrista relaciona os princípios conhecidos com a situação sobre o tabuleiro é denominado *estratégia* (Pachman, 1967).

A estratégia visa conquistar uma melhor estrutura de peões, linhas e colunas, pontos estratégicos avançados ou qualquer benefício que traga vantagem na posição.

A leitura concreta e o entendimento das peculiaridades da posição orientarão o jogador para o plano estratégico. Desse modo, o estudo prévio de posições análogas prepara os enxadristas durante os torneios. Logo, as posições resultantes do meio-jogo dependem principalmente da escolha do repertório das aberturas.

Portanto, o estudo do meio-jogo depende do conhecimento prévio da abertura e de análises das posições resultantes, visto que isso facilita o entendimento dos planos e da diversidade de recursos utilizados pelos mestres.

Pachman (1967) relaciona alguns fatores determinantes para a avaliação das posições:

1. o material e a concentração de peças em uma ala;
2. a efetividade de cada peça;
3. o valor de cada peão;

4. a estrutura de peões;
5. a posição dos reis;
6. a harmonia entre as peças.

As desvantagens materiais são duradouras e difíceis de serem equilibradas, bem como as estruturas de peões. Os peões não podem retornar e, caso estejam isolados, permanecerão fracos até que o jogador possa trocá-los por outro. Também o fator rei poderá converter-se em desvantagem permanente, em razão da dificuldade de protegê-lo. Por isso, todo lance deverá buscar somar pequenas vantagens para que sejam permanentes, bem como provocar debilidades na posição do adversário.

Figura 4.1 Análise da posição – vantagem material

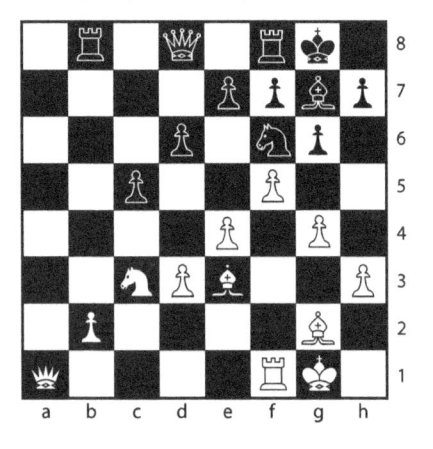

Considerando-se a posição da Figura 4.1, para critério de análise, os seis fatores citados anteriormente poderão orientar a análise da posição. A relação material está desequilibrada, e as peças pretas têm vantagem de qualidade, ou seja, capturaram a torre branca e perderam o cavalo preto. Vale salientar que a torre, em virtude do número de casas que ataca, é mais forte do que o cavalo. As peças brancas dominam o espaço na ala do rei, enquanto as pretas dominam a ala da dama. Tanto as peças brancas como as pretas estão atuantes, porém as pretas atacam diretamente a posição das brancas.

A torre preta ocupa uma posição agressiva, pressionando o peão de "b2". As brancas têm o par de bispos, mas não oferecem perigo imediato. As peças pretas poderão atuar rapidamente na ala da dama, intensificando as ameaças em "b2" e 'c3".

Com relação aos peões, a estrutura das peças pretas apresenta a melhor formação e sem debilidades, ao passo que as brancas terão dificuldade de manter a proteção de "b2". Os peões, avançados na ala do rei, inspiram cuidado para as peças pretas, e os reis estão seguros. Portanto, as peças pretas estão em uma situação melhor, com possibilidade de ganharem o peão débil em "b2", ampliando a vantagem material.

As vantagens posicionais são transitórias, e o jogador poderá perdê-las caso efetue algum erro de avaliação, comprometendo a posição.

Figura 4.2 Análise da posição – vantagem posicional

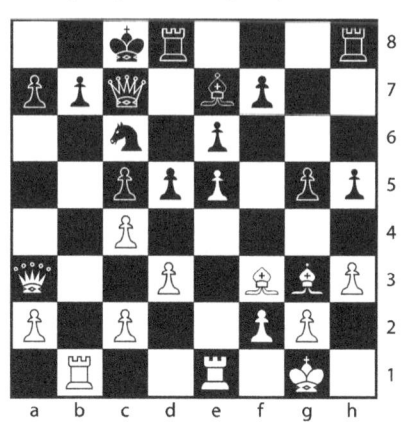

Na Figura 4.2, os jogadores estão em igualdade material, e as peças brancas estão distribuídas, direcionadas para a ala da dama, enquanto as pretas estão concentradas na defesa dos pontos centrais. Todas as peças brancas estão ativas e direcionadas a pontos estratégicos da posição preta. Com relação aos peões, não há grandes debilidades, e a tensão ocorre nos pontos "d5" e "e5". O rei branco está seguro, embora os avanços de peões na ala do rei permitam a abertura de linhas de ataque.

Da mesma forma, o rei preto permanece tranquilo, mas com o incômodo direcionamento das peças pretas para o seu roque. Dessa maneira, o jogo está favorável às peças brancas, que podem ampliar as pequenas vantagens e vencer a partida.

4.1.2 Combinações

Uma ou diversas manobras forçadas, acompanhadas de sacrifício material, são denominadas *combinações*. Assim, as combinações permitem a obtenção de vantagem material, posicional ou a conclusão com xeque-mate (Bondarewsky, 1972).

Bondarewsky (1972) organiza os elementos de combinação, para fins didáticos, em duas fases, nas linhas que iniciam com sacrifício. Na primeira fase, surgem o motivo e a ideia. O motivo se refere às características da posição que determinam as possibilidades de manobras. Após o sacrifício, o jogador deve determinar a ideia.

Na segunda fase, novos motivos surgem, permitindo um movimento exploratório ou o ataque resultante. Assim, obtém-se a posição designada, que poderá ser a posição final da combinação ou não.

Figura 4.3 Combinação – o motivo

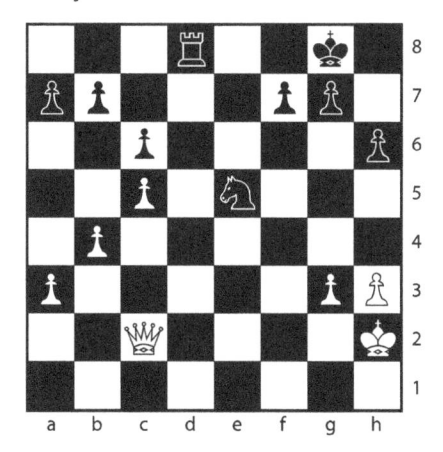

Na posição da Figura 4.3, caso o lance fosse das peças brancas, a partida estaria em equilíbrio. Ainda que as brancas tenham a dama, as pretas têm a torre, o cavalo e um peão em compensação. Entretanto, o movimento corresponde às pretas, e a posição permite um motivo para a realização de uma combinação. O posicionamento do rei e da dama viabiliza um golpe tático.

Figura 4.4 Combinação – o sacrifício

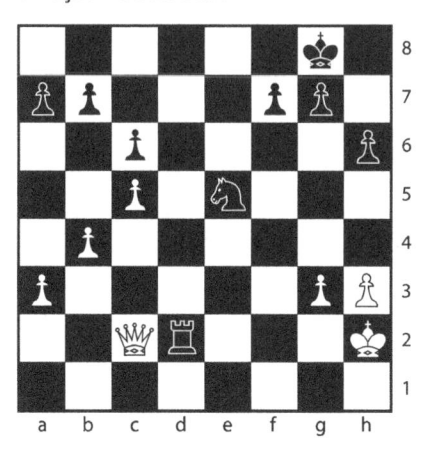

As peças pretas executam o sacrífico da torre para atrair a dama, conforme apresentado na Figura 4.4, e a captura da peça dará novos motivos para as pretas. Seguindo a jogada das peças brancas, "1.Dxd2", a ideia da combinação está apoiada na possibilidade do ataque duplo em "f3" com o cavalo.

Figura 4.5 Combinação – a ideia

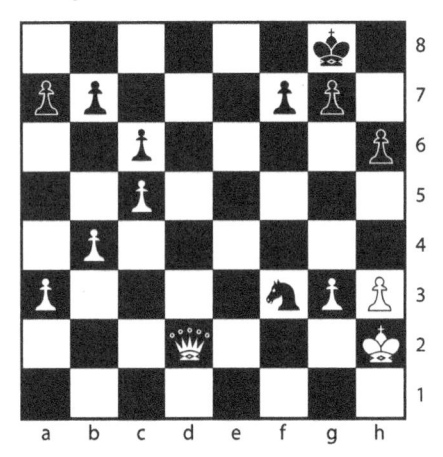

Na Figura 4.5, o cavalo preto ameaça simultaneamente o rei e a dama, efetuando o ataque resultante e chegando à posição designada. As peças brancas têm apenas duas alternativas para mover o rei, em "g2" e "h1".

Figura 4.6 Combinação – a posição final

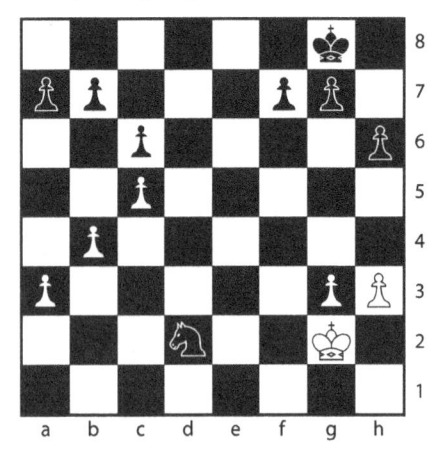

Com isso, chegamos à posição final, conforme indicado na Figura 4.6. A dama foi capturada, e a vantagem material das peças pretas facilita a vitória. O cavalo poderá capturar os peões da ala da dama, ampliando a vantagem e as possibilidades de promoção.

4.2 Golpes táticos

Algumas ameaças, como ataque duplo, cravada e ataque descoberto, podem ser encontradas em diferentes tipos de combinações.

O **ataque duplo** combina a ameaça em duas peças desprotegidas e mal posicionadas. Todas as peças, sem exceção, podem fazer o ataque duplo.

Figura 4.7 Duplos

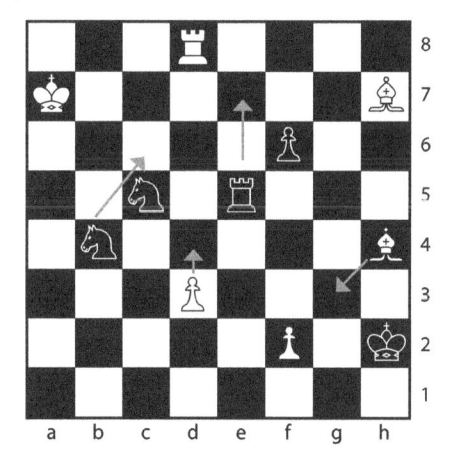

Na posição da Figura 4.7, as brancas podem fazer um ataque duplo com o bispo em "g3" e o peão em "d4". As peças pretas podem fazê-lo com o cavalo em "c6" e a torre em "e7".

A dama e o rei são peças que também podem realizar ataques duplos por combinarem os movimentos do bispo e da torre. Assim, podem efetuar ataques duplos pela horizontal, pela vertical e pela diagonal.

A tática permite imobilizar peças do adversário para ganhar material ou para deixá-las fora de ação e preparar ataques na posição adversária por meio da cravada de peças. Denominamos **cravada** o ataque direto de uma torre, um bispo ou uma dama a uma peça adversária alinhada com outra peça de maior valor, de modo a dificultar o movimento, deixando a peça de maior valor ameaçada. Quando a peça alinhada é o rei, a retirada da peça não poderá ser efetuada.

Figura 4.8 **Cravada**

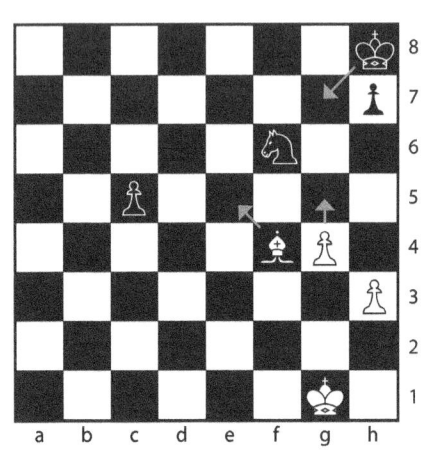

Na Figura 4.8, com "1.Be5", as peças pretas ficam com o cavalo cravado. Como não podem retirar o cavalo, pois o rei está alinhado na diagonal, resta a defesa com o rei em "g7". Entretanto, isso não é suficiente, porque as peças brancas avançam o peão de "g".

O **ataque descoberto** tem semelhança com o ataque duplo porque pode atacar dois pontos estratégicos simultaneamente. Porém, diferentemente do ataque duplo, utiliza duas peças para concretizar a ameaça.

Figura 4.9 **Descoberto**

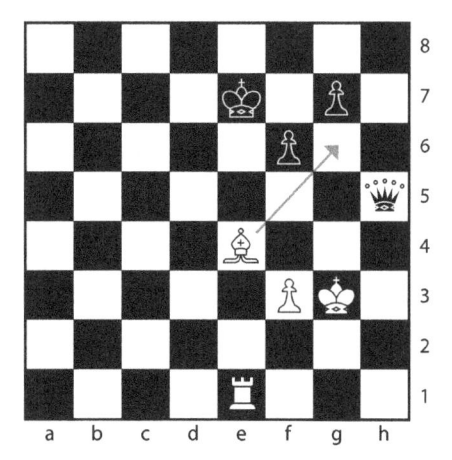

Na Figura 4.9, o movimento do bispo buscando o ataque à dama faz com que a torre ataque diretamente o rei.

Para defenderem o rei, as peças pretas terão duas alternativas: retirar o rei ou colocar a dama em "e5", protegendo-se o rei com essa peça. As duas alternativas trazem prejuízo para as peças pretas, mas, com a proteção com a dama, as pretas poderão capturar a torre das peças brancas com o peão de "f6". Com a vantagem adquirida, as peças brancas poderão vencer com tranquilidade.

Conforme Blokh (1994), o estudo tático desenvolve a capacidade de identificação de combinações e permite o aprimoramento do cálculo de variantes. O exercício de solucionar problemas táticos possibilita a interiorização dos diversos temas e a ampliação de repertório para aplicação durante as partidas. O golpe tático pode abreviar uma partida ou dar vantagem ao jogador.

Os temas podem variar, e alguns ocorrem com maior frequência do que outros. Apresentaremos as características do tema e os movimentos.

Quadro 4.1 Temas táticos

Eliminação de defesa	
O cavalo branco defende a torre atacada pelo rei das peças pretas. Quando se elimina o cavalo com "1.Txe1+", a torre fica desprotegida e poderá ser capturada.	
Distração	
A dama preta ataca a dama que está protegida pelo rei. Com a oferta da torre em "h3" e o deslocamento do rei com a captura da torre, a dama ficará sem proteção e será capturada.	
Isca	
Este tema tem como objetivo atrair o rei para o xeque-mate. As peças brancas jogam "1.Th8+", pois as pretas são obrigadas a capturar, com o rei, a torre sacrificada. Com "2.Dh7++", as peças brancas vencem.	
Abertura de linhas	
Com o lance branco "1.h6", as peças pretas têm duas jogadas possíveis, mas nenhuma satisfatória: para "1. ... hxg6 2.hxg7+", promovendo o peão, e "1. ... gxh6", abrindo linha, e "2.g7++", com xeque-mate.	

O Quadro 4.1 relaciona quatro temas: 1) eliminação de defesa; 2) distração; 3) isca; 4) abertura de linhas. Os golpes táticos transformam a posição e possibilitam a vitória. Entretanto, esses temas não são planejados desde o início da partida e acontecem conforme as características da posição, os motivos.

4.3 O cálculo e o raciocínio lógico no meio de jogo

Para evoluir no meio-jogo, é importante valorizar as informações existentes sobre posições típicas, temas táticos e princípios estratégicos. Nessa fase, as peças devem estar dispostas para a ofensiva, e o empenho para a obtenção de pequenas vantagens é essencial. Em virtude da grande quantidade de informações disponíveis, os diversos estudos desenvolvidos simplificam o trabalho individual.

Também o jogador deve manter sempre em mente a relação de espaço, tempo e força nessa fase da partida. Adquirindo vantagem em algum desses pontos, o jogador pode explorar, por meio de um ataque, manobras preparatórias ou simplificar e conduzir para um final favorável. Enquanto isso, o jogador em desvantagem terá de considerar a defesa passiva e o contra-ataque, trocar peças para diminuir a pressão e simplificar para tentar um final equilibrado (Becker, 1990).

Figura 4.10 Plano estratégico

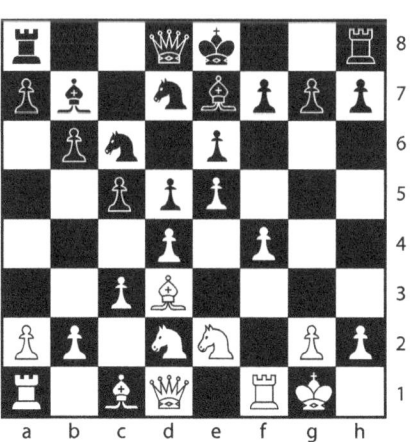

Analisando a posição da Figura 4.10, podemos fazer algumas considerações em relação às peças brancas e pretas:

- As peças brancas têm mais espaço na ala da dama, e o peão de "e5" restringe a posição das pretas.
- O desenvolvimento branco está completo; falta apenas ajustar as peças e preparar um ataque na ala do rei.
- As peças pretas têm vantagem de espaço na ala da dama, porém não efetuaram o roque.
- As peças brancas têm vantagem posicional e devem procurar manter o centro bloqueado e elaborar um ataque na ala do rei.
- As peças pretas devem completar o desenvolvimento, atacar na ala da dama e trocar peças para diminuir a força de ataque das brancas.

Na posição da Figura 4.10, foram realizados nove lances e, com base nas considerações apresentadas, as peças brancas avançam com os lances indicados a seguir.

10.f5

As peças brancas iniciam o ataque, aproveitando a posição centralizada do rei preto.

10. ... exf5

A troca do peão das pretas de "e" pelo peão de "f" tenta evitar o avanço dos peões na ala do rei.

11.Bxf5 g6

As peças pretas debilitam as casas pretas, e o rei não está seguro.

12.Bh3 cxd4

As peças brancas mantêm possibilidades de ataque na ala do rei e agora no centro, com o avanço do peão de "e".

13.cxd4 Dc7

As peças pretas trocaram o peão de "c" e tentam esconder o rei.

14.e6 fxe6

O avanço do peão em "e6" foi desnecessário; melhor seria desenvolver o cavalo por "f3" e trazer o bispo para "f4", direcionando para o possível roque grande das peças pretas.

15.Bxe6 Cf8

As peças brancas poderiam jogar "15.Cf4", trazendo mais uma peça para o ataque. A coluna "f" dificulta o jogo das peças pretas. Quando o jogador está pressionado, fica propenso a cometer erros.

16.Bxd5 Cb4

As peças brancas escolhem um lance inferior; melhor seria lançar "16.Bf7+", impossibilitando o roque, e depois capturar o peão em "d5". As peças pretas deixam escapar a oportunidade de fazer o roque grande.

17.Bf7+ Rd8

Agora o roque não poderá ser realizado, e o jogador das peças pretas terá dificuldade em proteger o rei dos ataques.

18.Cc3 Bd6

As peças brancas obtêm vantagem decisiva, e apenas um erro grosseiro poderia salvar as pretas.

Na posição estudada, as peças brancas consolidaram a vantagem e concluíram a partida com os lances na seguinte sequência:

19.Cde4 Bxh2+ 20.Rh1 Bd6 21.Dg4 Bc8 22.Bg5+ Be7 23.Bxe7+ Dxe7 24.Dg5 Dxg5 25.Cxg5 Cc2 26.Bd5 Tb8 27.Tac1 Ce3 28.Cf7+ Re7 29.Tce1 Be6 30.Txe3 Rd7 31.Cxh8 Bxd5 32.Cxd5 Rd6 33.Cf6 Ce6 34.Cf7+ Re7 35.d5 1-0

Melhorar o posicionamento de cada peça deve ser um objetivo durante o meio-jogo. Além disso, conhecer as peças e suas qualidades permite ao enxadrista escolher melhores alternativas para posicioná-las, bem como perceber a cooperação entre as peças (Hellsten, 2014).

Embora sejam atribuídos valores para as peças, o valor poderá ser alterado conforme a situação delas no tabuleiro. As peças menores variam de valor frequentemente durante os jogos (Pachman, 1967).

A seguir, vamos tratar das peças individualmente.

4.3.1 Rei

É importante priorizar a segurança do rei nas aberturas e no meio-jogo. Conforme as peças são trocadas, o rei pode ficar ativo e ir ao ataque. À medida que as possibilidades de atingir o final do jogo aumentam, o jogador deve estar preparado para a transição do meio-jogo para o final.

O roque protege o rei e coloca a torre em jogo. Deve-se procurar proteger o rei com poucas peças para usar a força máxima no ataque.

4.3.2 Dama

A dama pode ser decisiva em todas as fases da partida, já que combina ataque pelas diagonais, pelas horizontais e pelas verticais. Com todas as peças sobre o tabuleiro, o jogador deve ter atenção para evitar armadilhas que tragam o aprisionamento dessa peça. Em posições abertas, a dama amplia as possibilidades de ataque e deslocamento pelo tabuleiro.

Por causa de sua grande mobilidade, a dama é a melhor peça de ataque do jogo; combinada com outras peças, ela se torna decisiva.

4.3.3 Torre

No jogo de xadrez, é importante lutar pelas colunas abertas e semiabertas, e a torre executa bem essa função. Muitas batalhas sobre o tabuleiro consistem no domínio de colunas para penetrar na posição do oponente. Pelas colunas, a torre, ou as torres, exerce grande pressão e facilita os ataques.

As torres, quando conseguem penetrar atrás ou na linha de peões adversários, trazem grande vantagem para o jogador, atacando os peões e limitando o movimento do rei.

4.3.4 Cavalo

Com movimentos limitados, os cavalos apresentam bom desempenho no centro. Quando situados em posições avançadas, sem a possibilidade de sua captura por uma peça do adversário, sua importância no jogo aumenta.

4.3.5 Bispo

A dinâmica dos bispos depende do posicionamento dos peões. Os bispos necessitam de linhas abertas para exercer o máximo de seu potencial (Becker, 1990). Assim, cada movimento de peão deve considerar a liberdade dos bispos e das demais peças.

Conforme Hellsten (2014), os bispos são peças rápidas e de longo alcance, podendo mudar de diagonais rapidamente, chegando ao flanco oposto e ameaçando a posição adversária.

4.3.6 Peões

Segundo Pachman (1967), ao elaborar um plano estratégico, o jogador deve levar em consideração a estrutura de peões. Cada alteração na formação dos peões pode criar pontos fortes ou fracos, que serão explorados.

Os peões controlam pontos estratégicos, protegem as peças e abrem linhas para ataque. Em posição de defesa, podem bloquear a posição e atacar as casas controladas pelo oponente.

4.4 A importância da estrutura de peões

Philidor (1777) foi pioneiro em indicar o valor da estrutura de peões na estratégia de jogo. Com isso, as partidas passaram do jogo intuitivo para o jogo estratégico.

Figura 4.11 Estrutura de peões A

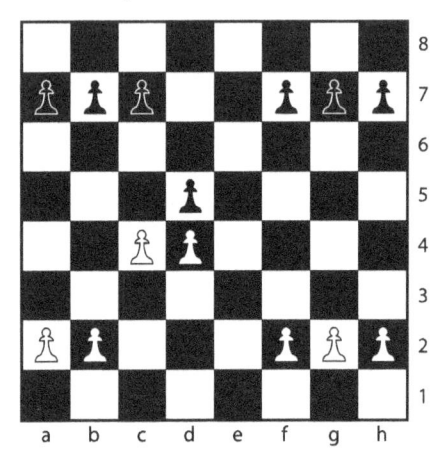

Analisando a estrutura de peões da Figura 4.11, vemos que as peças brancas podem manter a pressão no peão central "d5" e dominar coluna "e". A casa "e5" representa uma base de operação para a instalação de um cavalo e, para que possa ocupá-la com segurança, o jogador deverá neutralizar as peças de valores iguais ou menores que possam atrapalhar a ação.

Com relação às peças pretas, a troca do peão de "d5" por "c4" poderá criar um peão branco isolado em "d4", que as peças pretas poderão atacar. Assim, o jogador das peças pretas poderá bloquear esse peão com uma peça e direcionar as outras para o ataque direto ao peão branco central. Também deverá buscar o domínio da coluna "e", pois ela representa a entrada para ataques aos peões do oponente.

Figura 4.12 Estrutura de peões B

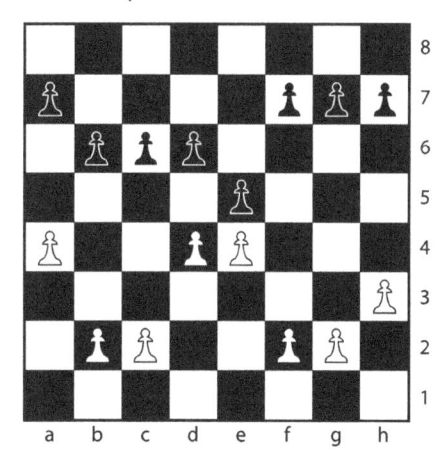

Na Figura 4.12, não houve troca de peões, e as peças brancas têm mais espaço, pois os peões chegaram até a quarta fila e atacam casas do território adversário. As peças deverão ficar posicionadas nas colunas que serão abertas mediante a troca de peões centrais. As peças pretas podem trocar os peões e concentrar o ataque no peão de "e", mantendo a proteção do peão de "d". Outra possibilidade seria evitar as trocas e aguardar que o adversário tome a iniciativa na troca, o que evitaria deixar o peão em "d6" atrasado e alvo de ataques na coluna semiaberta.

Figura 4.13 Estrutura de peões C

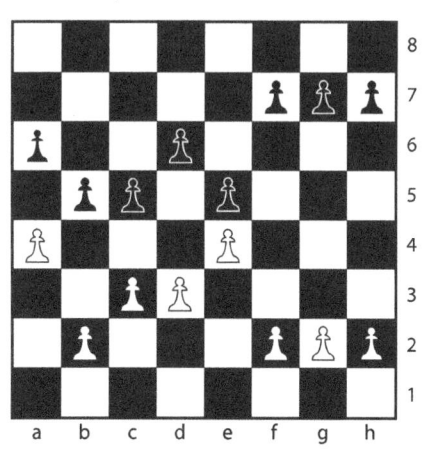

Na Figura 4.13, as peças pretas têm espaço na ala da dama. Dessa forma, o avanço dos peões, combinado com as demais peças, será o plano base do jogador. As peças brancas deverão concentrar os esforços em dominar a ala do rei ou romper o centro para desestabilizar o avanço dos peões pretos.

Figura 4.14 Estrutura de peões D

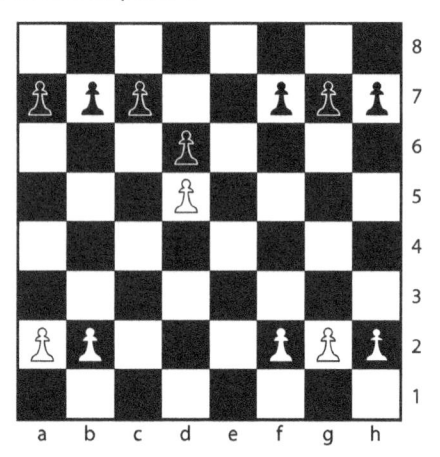

A Figura 4.14 exibe a coluna "e" aberta, que será disputada pelos jogadores. As peças brancas devem manter a vigilância sobre o peão de "d", pois ele está avançado e não contará com o apoio dos outros peões. A coluna "c" está semiaberta, e as peças brancas poderão explorar ataques em "c7", a fim de deixar o rival na defensiva, combinando com ataques na ala do rei. As peças pretas estão com menos espaço, mas um peão a mais. A vantagem material garante um final vitorioso, desde que o jogador consiga trocar as peças.

Figura 4.15 Estrutura de peões E

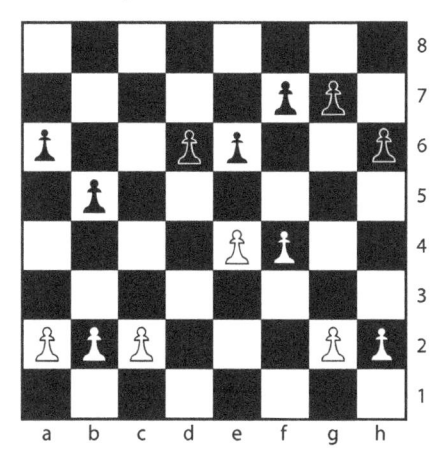

A Figura 4.15 apresenta uma estrutura de peões comum na defesa siciliana. As peças brancas têm o domínio parcial do centro e a coluna "d" semiaberta, podendo, assim, atacar o peão de "d6". Também podem optar por um ataque na ala do rei, conforme o posicionamento das peças.

Enquanto as peças pretas ganham espaço na ala da dama, um bispo poderá ficar em "b7", exercendo pressão no centro de peões brancos. A coluna "c" poderá ser explorada pelas peças pretas com a ação das torres, de modo a produzir ameaças perigosas, combinadas com o ataque central e o avanço dos peões da ala da dama.

O peão de "d6" deve contar com a proteção das peças e considerar a possibilidade do avanço para "d5".

Figura 4.16 Estrutura de peões F

A Figura 4.16 exibe as peças brancas com vantagem de espaço. O peão de "d" controla as casas "e5" e "c5". O peão de "h5" ficou isolado, e o jogador deverá ter atenção, pois esse peão será motivo de ataques. A peças brancas podem atuar no centro ou atacar os peões da ala do rei. As peças pretas têm uma estrutura sólida, mas essa formação restringe o jogo e dificulta a abertura de linhas. O peão branco em "d4" será alvo de ataques por intermédio da torre, e as peças pretas têm como opção romper com "c5" ou "e5".

Figura 4.17 Estrutura de peões G

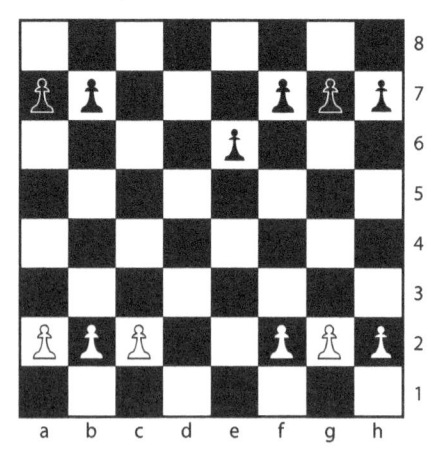

Observando a estrutura de peões da Figura 4.17, podemos notar uma diferença de peões nos flancos. Na ala da dama, as peças brancas têm três peões contra dois e, na ala do rei, as pretas têm vantagem de um peão. As peças brancas podem forçar o avanço dos peões com o apoio das demais peças para criar um peão passado, ou seja, um peão livre sem o bloqueio de peões adversários. As torres brancas devem ocupar as colunas "d" e "e", enquanto as pretas ocupam as colunas "c" e "d", exercendo uma ofensiva no peão de "c" e lutando pelo domínio da coluna "d".

Figura 4.18 Estrutura de peões H

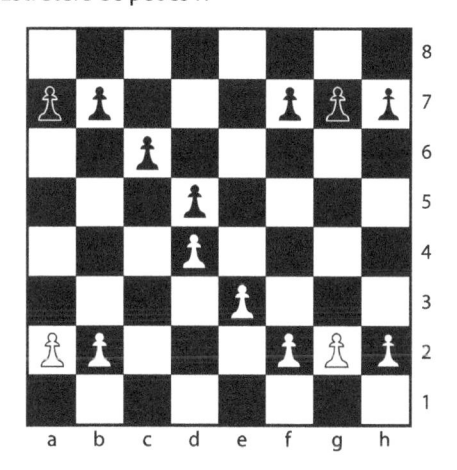

Como opção para as brancas, ilustrada na Figura 4.18, existe o avanço dos peões de "a" e "b", conhecido como *ataque da minoria*. A ideia consiste em debilitar a estrutura de peões, enfraquecendo o peão de "c", alvo de ataques por meio da coluna semiaberta. A casa "e5", com o posicionamento de um cavalo, pressiona o peão de "c6". As peças pretas podem controlar a casa "e4" e atacar a posição das brancas por meio do peão de "f".

Figura 4.19 Estrutura de peões I

[Diagrama de tabuleiro de xadrez]

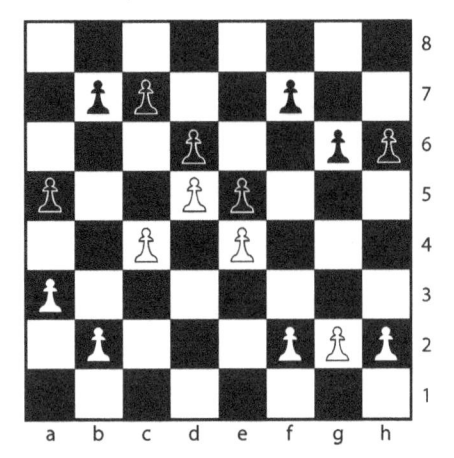

Na Figura 4.19, as peças brancas têm vantagem de espaço na ala da dama, e a estrutura central está bloqueada. Entre as alternativas, as peças brancas podem elaborar o avanço e a ruptura dos peões com o apoio das demais peças. O avanço do peão branco de "c" ou de "f", além de abrir linhas, procura atacar os peões que estão bloqueando os peões centrais. As peças pretas podem instalar um cavalo em "c5" e jogar o peão em "f5", atacando o peão de "e4" para debilitar o peão em "d5".

4.5 Analisando partidas clássicas e ciladas de abertura

Segundo Yusupov e Shereshevsky (1992), estudar as partidas dos grandes jogadores facilita a compreensão do xadrez, contribui para a cultura enxadrística e amplia as possibilidades durante os jogos, justamente por apontar novos princípios para avaliação e indicar como foram aproveitados aqueles já conhecidos.

A reprodução das partidas permite identificar o estilo dos jogadores com os planos estratégicos desenvolvidos, os golpes táticos, a estrutura de peões ou o final que resultou das decisões tomadas.

Recomendamos que você, leitor, conforme o desejo de aprofundamento no jogo de xadrez, reproduza as partidas analisadas e comentadas na literatura especializada, procurando tirar as próprias conclusões para compará-las com os comentários dos especialistas. Esse procedimento permite perceber parte dos inúmeros recursos de uma partida de xadrez.

Curiosidade

Segundo Doggers (2020), em 1970 foi realizada a primeira partida entre a terra e o espaço. Vitaly Sebastianov e Andrian Nikolayev, tripulantes da nave Soyuz 9, jogaram com as peças brancas contra Nikolai Kamanin e Viktor Gorbatko, com as peças pretas. A partida durou seis horas, terminando empatada.

Cinquenta anos depois (2020), outra partida foi realizada entre os cosmonautas Anatoly Ivanishin e Ivan Wagner, da Estação Espacial Internacional, contra o Grande Mestre ucraniano Serguei Karjakin, que estava na Terra. Essa partida terminou empatada, conforme os lances listados a seguir:

1.e4 e5 2.Cf3 Cc6 3.Ab5 a6 4.Axc6 dxc6 5.0-0 Ae6 6.b3 c5 7.Cxe5 Dd4 8.Cc4 Axc4 9.bxc4 Dxa1 10.Cc3 b5 11.Dh5 Cf6 12.Df3 b4 13.e5 0-0-0 14.Aa3 Dxf1+ 15.Rxf1 bxc3 16.exf6 cxd2 17.Da8+ Rd7 18.Dd5+ Rc8 19.Da8+ Rd7 20.Dd5+ Re8 21.De4+ Rd7 22.Dd5+ Rc8 ½-½

4.5.1 Partidas comentadas

Nesta seção, apresentaremos algumas partidas, com as respectivas avaliações sobre ideias e planos característicos da posição.

Akiba Rubinstein foi um dos grandes enxadristas do passado que soube colocar em prática o legado do xadrez posicional do primeiro campeão do mundo, Steinitz (Lasker, 1999). O jogador

Steinitz representa o surgimento da teoria moderna, estabelecendo princípios para o desenvolvimento do jogo, considerados a base do planejamento estratégico durante as partidas.

Em 1907, na Rússia, Rubinstein jogou com as peças pretas uma partida contra o seu compatriota polonês Georg Rotlewi, ficou com as brancas (Lasker, 1999).

Vamos analisar agora cada jogada dos enxadristas nessa disputa (Lasker, 1999).

1.d4 d5

Rotlewi escolhe iniciar com a abertura de peão da dama, e a luta fica pelo domínio das casas "e5"para as peças brancas e "e4" para as pretas.

2.Cf3 e6

Ao colocar o peão em "e6", Rubinstein deverá buscar alternativas para ativar o bispo preto que percorre as casas claras.

3.e3 c5

Com o movimento do peão branco em "e3", Rotlewi também limita o movimento do bispo em "c1". Um dos objetivos de ambos os enxadristas será colocar o bispo em posição ativa.

4.c4 Cc6

As trocas dos peões no centro, pelas peças brancas ou pretas, podem abrir a posição e, assim, liberam as diagonais, liberando os bispos.

5.Cc3 Cf6

O jogo está equilibrado em virtude da simetria das peças.

6.dxc5 Bxc5

As trocas alteram a posição simétrica.

7.a3 a6

As peças brancas poderiam retirar o bispo de "f1" para realizar o roque, ou trocar o peão da coluna "c" pelo peão da coluna "d", procurando deixar o peão em "d5" sem o apoio de outro peão preto.

8.b4 Bd6

As peças brancas dominam espaço na ala da dama e podem colocar o bispo em jogo pela casa "b2". As peças pretas têm um jogo sólido e os peões centrais.

9.Bb2 0-0

As peças brancas buscam colocar o bispo na grande diagonal por "b2" e realizar o roque, protegendo o rei preto e completando o desenvolvimento.

10.Dd2 De7

A demora para o jogador das brancas concretizar o roque atrasa ações de ataque.

11.Bd3 dxc4

O lance "Bd3" permite que o jogador das peças pretas ganhe alguns tempos e mantenha o rei adversário sem o roque.

12.Bxc4 b5

Com o movimento do peão preto em "b5", o bispo de "c8" terá a casa "b7" para ocupar e atacar o provável roque das peças brancas.

13.Bd3 Td8

Agora a torre preta entra em jogo, direcionada na linha da dama e ocupando a coluna "d".

14.De2 Bb7

Com a retirada do bispo para "b7", as torres pretas estão conectadas, e isso facilita a movimentação.

15.0-0 Ce5

Finalmente as peças brancas efetuam o roque. As peças pretas deveriam colocar a outra torre na coluna "c" e depois iniciar o ataque.

16.Cxe5 Bxe5

O jogo retorna ao equilíbrio.

17.f4 Bc7

Após o lance "f4", as peças brancas prejudicam sua posição, e isso compromete a estrutura de peões. Melhor seria posicionar as torres nas colunas semiabertas.

18.e4 Tac8

Os peões das brancas estão na linha de ataque dos bispos pretos.

19.e5 Bb6+

O avanço do peão de "e" complica o jogo para as brancas, pois atrai as peças para o ataque. Os dois bispos pretos estão bem posicionados e pressionam o roque das peças brancas.

20.Rh1 Cg4

As peças pretas colocam o cavalo no ataque ao roque das brancas.

21.Be4 Dh4

Os bispos, direcionados para o roque, são muito perigosos, e as pretas tentam trocar. Com o movimento da dama para "h4", as pretas ameaçam mate com a captura do peão em "h2".

22.g3 Txc3

A posição das brancas está difícil, pois as peças pretas estão bem distribuídas.

23.gxh4 Td2

O sacrifício da dama preta permite um bonito golpe tático.

24.Dxd2 Bxe4+

Com a captura da torre, o bispo entra em cena para o mate.

25.Dg2 Th3 0-1

Não é possível defender o xeque-mate com a torre preta em "h2".

Richard Reti foi um dos principais representantes da escola hipermoderna, que surgiu depois de Steinitz. Para Steinitz, o domínio do centro com os peões daria vantagem ao jogador, enquanto Reti abandonava o centro e buscava atacá-lo com as peças (Yusupov; Shereshevsky, 1992).

No torneio em Nova Iorque, em 1924, Richard Reti jogou com as peças brancas contra Efim Bogoljubov, que ficou com as peças pretas (Chessbase, 2022).

Agora vamos analisar cada jogada desse confronto (Chessbase, 2022).

1.Cf3 d5

Na abertura Reti, as peças brancas jogam o cavalo em "f3" e não avançam os peões centrais de imediato. A abertura recebe o nome do jogador das peças brancas, pois ele foi um dos precursores do chamado *xadrez hipermoderno*. Nesse novo estilo de jogo, os teóricos buscavam o controle central com as peças a longa distância. O adversário ocupa o centro com os peões, o quais servirão de alvo para ataques das peças brancas.

2.c4 e6

As peças brancas jogam em "c4" para dominar a diagonal "h1" a "a8" com o bispo, que deverá agir em "g2". A jogada "e6" de Bogoljubov fortalece o peão em "d5".

3.g3 Cf6

As peças brancas querem fazer o fianqueto para pressionar o centro, concentrando o ataque na casa "d5".

4.Bg2 Bd6

Os jogadores liberam as peças, procurando atacar e dominar casas centrais.

5.0-0 0-0

Com o roque realizado pelos jogadores, os reis estão protegidos, e as torres entram em jogo.

6.b3 Te8

O duplo fianqueto dos bispos das brancas ("b2" e "g2") corresponde a uma característica da abertura, enquanto as peças pretas concentram as ações no centro com a torre em "e8" pela possibilidade da abertura da coluna "e".

7.Bb2 Cbd7

As peças pretas preparam o avanço do peão de "e".

8.d4 c6

O lance "d4" evita o avanço do peão preto para "e5".

9.Cbd2 Ce4

Com o lance do cavalo branco em "d2", as peças foram liberadas na luta pelo centro. O movimento das peças pretas com "Ce4" ocupa uma importante casa central e evita o avanço do peão branco para a casa "e4".

10.Cxe4 dxe4

O cavalo preto em "e4" estava bem localizado, e as peças brancas eliminam a peça perigosa, alterando a estrutura de peões pretos.

11.Ce5 f5

Com "Ce5", o peão em "e4" está sob ameaça, e as peças pretas precisam defendê-lo.

12.f3 exf3

A jogada do peão em "f3", realizada por Reti, desfaz a estrutura de peões e abre linhas no centro.

13.Bxf3 Dc7

A captura do peão com o bispo branco prepara o avanço do peão do rei, enquanto o lance "Dc7" das peças pretas procura desalojar o perigoso cavalo em "e5".

14.Cxd7 Bxd7

A troca do cavalo libera as diagonais para as peças brancas, desmontando o centro.

15.e4 e5

O combate no centro amplia a ação dos bispos das brancas, aumentando a vantagem.

16.c5 Bf8

As peças brancas estão mais bem organizadas, e os peões avançam.

17.Dc2 exd4

Os bispos e a dama direcionados ao roque provocam tensão no roque das peças pretas. A captura "exd4" perde um peão, pois as peças brancas poderiam jogar "exf5", e o peão de "d" seria capturado nos próximos lances.

18.exf5 Tad8

A vantagem está com as peças brancas em razão do domínio central e da mobilidade das peças.

19.Bh5 Te5

As peças brancas deveriam capturar o peão em "d", com posição superior. O lance realizado reduziu a vantagem das brancas.

20.Bxd4 Txf5

A jogada "Txf5" acelera a derrota das peças pretas.

21.Txf5 Bxf5

As trocas favorecem as peças pretas.

22.Dxf5 Txd4

O domínio da coluna "f" conduz à vantagem decisiva.

23.Tf1 Td8

A torre e a dama na coluna "f" provocam sérias ameaças à posição do rei adversário. Com a jogada da torre preta em "d8", a derrota é certa por meio da combinação visualizada pelo jogador das brancas.

24.Bf7+ Rh8

Nessa posição, as peças brancas atacam o rei com o bispo e forçam seu deslocamento para a casa "h8".

25.Be8

O bispo branco em "f8" será capturado ou ocorrerá o xeque-mate do corredor em "f8". Não há alternativas para o jogador das peças pretas, e Reti vence a partida.

4.5.2 Miniaturas

Conforme Clarke (1977), miniaturas são partidas com um número reduzido de lances, em uma situação na qual, em virtude da negligência de fatores posicionais, o jogador sofre uma combinação tática que ocasiona a derrota.

Em 1935, Alexander Alekhine realizou uma simultânea em Palma de Mallorca, na Espanha. As partidas simultâneas ocorrem quando um enxadrista, com peças brancas, joga com vários jogadores ao mesmo tempo (Chessbase, 2022). Vamos analisar e comentar uma das partidas em que Alekhine enfrentou quatro amadores (Chessbase, 2022).

1.e4 c6

O lance "1. ... c6" das pretas determina a defesa Caro-Kann. A ideia principal consiste no apoio para o avanço do peão da coluna "d", assim como permite a saída do bispo de "c8", antes de avançar o peão de "e".

2.d4

Esse lance das peças brancas controla a casa "e5" do centro do tabuleiro.

2. ... d5 3.Cc3

Existem outras opções de defesa para o peão branco da coluna "e". Outras jogadas possíveis são: "3.Cd2", "3.e5" e "3.exd5".

3. ... dxe4

As peças pretas escolhem trocar o peão central.

4.Cxe4 Cd7

Sem a casa "c6" livre, o cavalo preto pode sair por "d7", protegendo o cavalo em "f6".

5.De2

Esse lance atrapalha a retirada do bispo em "f1", de casa branca, mas esconde uma ameaça mortal, que será apresentada nos próximos lances.

5. ... Cgf6

As melhores alternativas para as peças pretas seriam a retirada da dama para "c7" ou do cavalo em "d7" para "f6".

6. Cd6++

O peão não pode capturar o cavalo, pois deixaria o rei atacado pela dama em "e2", justificando a jogada "5.De2".

Em 1802, o francês Du Mont, jogando em Paris com as peças pretas, realizou uma miniatura contra um jogador que não teve o nome conhecido. Analisaremos os lances dessa miniatura, identificando os pontos principais que determinaram a vitória do jogador com as peças pretas (Chessbase, 2022).

1.f4

A jogada das peças brancas recebe o nome de *abertura Bird*, referência ao mestre inglês Henry Bird.

1. ... e5

O jogador das peças brancas sacrifica um peão para tentar explorar a diagonal "e1" a "h4". É importante que o jogador calcule os sacrifícios de materiais com precisão, pois a perda material pode conduzir à derrota quando não existem compensações.

2.fxe5 d6

Esse lance das peças pretas ataca o peão e libera o bispo.

3.exd6

As peças brancas fizeram três lances com a mesma peça e ganharam um peão, mas em troca liberaram as peças das pretas.

3. ... Bxd6

A retirada dos peões centrais liberou o raio de ação dos bispos e a dama preta.

4.g3

Esse lance coloca o peão em "g3" como alvo de ataques.

4. ... Dg5

As peças pretas exercem pressão no peão de "g3", que está defendido apenas por "h2".

5.Cf3

As peças brancas deixaram escapar a chance de obter vantagem na posição e ignoraram a ameaça direta das peças pretas. A simples retirada do bispo para "g2" seria suficiente para evitar a derrota.

5. ... Dxg3+

Com esse lance, a partida está decidida. Também o peão poderia ser capturado pelo bispo.

6.hxg3

É o único movimento possível pelas brancas.

6. ... Bxg3++

As peças pretas exploraram a diagonal de "e1" a "h4" das peças brancas e chegaram ao xeque-mate com o bispo preto em "g3".

Em uma competição realizada na Espanha, em 1974, Napoleon Garcia Martinez, com as peças brancas, enfrentou Benito Alvarez Olarte, concluindo a partida em seis lances. Vamos apresentar as jogadas, apontando os principais problemas identificados na partida (Chessbase, 2022).

1.e4 e5 2.Cf3

O cavalo branco sai para uma casa, atacando diretamente o peão central das peças pretas.

2. ... d6

O lance "d6" defende, mas limita a movimentação do bispo.

3.Cc3

É um lance de desenvolvimento das peças brancas e que defende o peão de "e".

3. ... Cc6 4.Bc4

O desenvolvimento das peças brancas atende à sequência adequada, procurando colocar as peças em posição de ataque.

4. ... Bg4

A imobilização do cavalo branco pelo bispo é denominada *cravada*, pois a retirada da peça em "f3" ocasiona a perda da dama em "d1". As peças brancas têm uma vantagem em desenvolvimento, e as peças são mais dinâmicas.

5.Cxe5

Esse lance poderia custar o jogo para as peças brancas, pois o cavalo preto em "c6" poderia capturar o cavalo em "e5", defendendo o bispo. Entretanto, as peças pretas não souberam aproveitar a oportunidade e não perceberam a ameaça de xeque-mate na posição.

5. ... Bxd1

No desejo de ganhar a dama, as peças pretas ignoraram o golpe decisivo.

6.Bxf7+

Após a jogada das peças brancas com o bispo em "f7", as peças pretas desistem, reconhecendo a derrota, e a partida termina.

A sequência de lances terminaria em xeque-mate conforme a continuação apresentada.

6. ... Re7 7.Cd5++

Os modelos vistos permitem a iniciação nas análises e o entendimento do método de estudo, contemplando a reprodução de partidas e posições-problemas. Dessa forma, é possível ampliar o entendimento da estratégia e da tática para evoluir na compreensão do xadrez.

ııı *Síntese*

No início do capítulo, abordamos as características do meio-jogo, ressaltando a importância da estratégia e da tática nessa fase.

Na estratégia, exemplificamos temas como o espaço, o tempo e a força para melhorar a leitura da disposição das peças. Também apresentamos os critérios adotados na análise de posições.

Vimos exemplos de combinações e sua estrutura, assim como golpes táticos frequentes, como duplo, cravada, descoberto, e temas como eliminação de defesa, distração, isca e abertura de linhas.

Com base nas informações apresentadas, trabalhamos o cálculo elaborado durante o meio-jogo, as características individuais das peças e a estrutura dos peões.

Concluímos o capítulo com a análise de partidas clássicas e das ciladas de abertura.

Atividades de autoavaliação

1. Sobre o meio-jogo, que inclui desafios estratégicos e táticos, podemos afirmar que:

    a) as combinações são planejadas durante a abertura.

    b) os finais não dependem do meio-jogo.

    c) o rei está livre para atuar ativamente no meio-jogo.

    d) a estratégia está diretamente ligada ao plano de jogo.

    e) o meio-jogo apresenta um reduzido número de peças.

2. Assinale com V (verdadeiro) ou F (falso) as seguintes afirmativas sobre as combinações:

    ( ) As combinações visam à obtenção de algum tipo de vantagem ou do xeque-mate.

    ( ) A cravada de peça visa imobilizar a peça para concentrar o ataque.

( ) A eliminação de defesa tem como objetivo levar uma peça defensiva para o ataque.

( ) O ataque duplo procura ganhar material ameaçando duas peças simultaneamente.

Agora, marque a alternativa que apresenta a sequência correta:

a) V, F, V, F.
b) F, V, F, V.
c) F, F, F, V.
d) F, F, V, V.
e) V, V, F, V.

3. Verifique a figura a seguir e assinale a alternativa que apresenta a análise mais bem relacionada com a posição:

Figura A Avaliação de posição

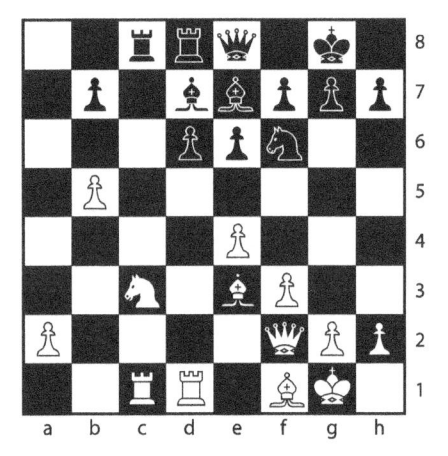

a) As peças pretas são superiores em razão do domínio na ala da dama e da coluna "c", restringindo o espaço das peças brancas.
b) O jogo permanece em equilíbrio, pois os jogadores têm a mesma quantidade de peças.
c) As peças brancas estão em uma situação melhor no jogo, pois conquistaram vantagem posicional e espaço com as peças direcionadas para a ala da dama.

d) As peças pretas têm a maioria de peões na ala da dama, e as peças brancas, na ala do rei.
e) As peças brancas têm vantagem material, mas as pretas têm espaço nas duas alas.

4. Analise a figura a seguir e assinale com V (verdadeiro) ou F (falso) as afirmativas sobre as estruturas de peões:

Figura B Posição Van Vliet *versus* Znosko-Borovsky, 1907

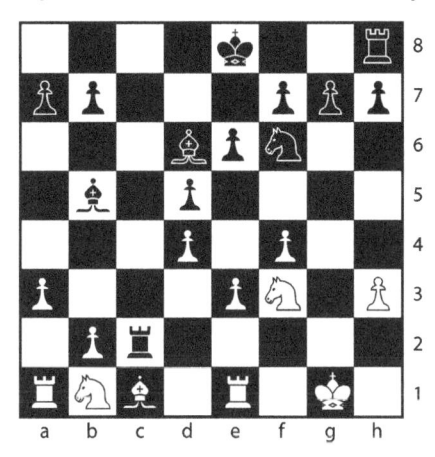

( ) As peças pretas exploraram a coluna "c", que foi aberta com a troca de peões. Assim, adquiriram vantagem.
( ) Os peões em "e3", "d4" e "f4" dificultam a mobilidade do bispo das peças brancas.
( ) Os bispos e o cavalo pretos têm maior liberdade de movimento do que os cavalos e o bispo brancos.
( ) Sem as damas no tabuleiro e com mais espaço e distanciamento das peças brancas, as peças pretas podem optar por não efetuar o roque.

Agora, marque a alternativa que apresenta a sequência correta:

a) V, F, V, F.
b) V, V, V, V.
c) F, F, F, V.
d) F, F, F, F.
e) V, F, F, V.

5. Com relação às partidas comentadas, é correto afirmar que:

   a) é importante estudar apenas as partidas dos novos enxadristas ou daqueles com os quais o jogador vai disputar uma partida.

   b) o estudo das partidas dos grandes jogadores contribui para a formação do enxadrista.

   c) as miniaturas são as partidas em que há poucas peças.

   d) decorando os lances das partidas, o jogador obtém melhor resultado do que com as análises.

   e) as aberturas não obedecem a uma sequência lógica.

Atividades de aprendizagem

Questões para reflexão

1. Neste capítulo, tratamos do meio-jogo. A estratégia permite escolher o plano que será utilizado durante as partidas. A estrutura de peões determina muito das características do jogo que será conduzido. Com o intuito de melhorar o entendimento do tema, escolha uma das estruturas de peões do capítulo e pesquise sobre ela, procurando descobrir qual abertura tem uma formação semelhante.

2. Releia o texto do capítulo sobre os temas táticos relacionados – eliminação de defesa, distração, isca e abertura de linhas. Consulte outras fontes e descreva outros temas, apresentando exemplos.

Atividade aplicada: prática

1. Embora no meio-jogo sejam desenvolvidos planos estratégicos para conduzir a partida, muitas terminam rapidamente com uma combinação. Procure trabalhar sua criatividade e criar problemas de xadrez em que a cravada de peça seja o tema central.

Capítulo 5

A última fase da partida de xadrez – final

Augusto Cláudio Santa Brígida Tirado

Não há margem para erros no final de uma partida, e o conhecimento prévio de posições típicas é determinante para o resultado. No meio-jogo, é possível visualizar um final favorável, então a troca de material poderá conduzir à vitória. Algumas configurações de finais ocorrem com maior frequência que outros, dependendo da abertura escolhida, das manobras e das trocas realizadas durante o percurso da partida.

Neste capítulo, abordaremos os princípios a serem observados para jogar bem os finais de partidas, priorizando aqueles que envolvem o rei e os peões. Mostraremos a participação fundamental do rei nessa fase, na qual a peça deve atuar ativamente para capturar os peões adversários. Nos finais, os perigos são menores do que na abertura ou no meio-jogo, justamente pela ausência da maioria das peças.

Também veremos os casos de empate, que permitem aos jogadores permanecer lutando e salvar uma partida quase perdida.

Igualmente, enfocaremos o xeque-mate com número de peças reduzido. Entender o processo de condução do rei adversário para o xeque-mate possibilita concluir positivamente o trabalho desenvolvido na abertura e no meio-jogo.

Finalizando, mostraremos a importância da memória e da concentração no xadrez. Esses aspectos são importantes para jogar melhor, podendo ser treinados com a prática constante.

5.1 Princípios para se jogar um bom final

A principal característica dos finais está relacionada ao reduzido número de peças sobre o tabuleiro. Os finais variam conforme as peças que restam, mas os que envolvem os peões ocorrem com maior frequência.

A seguir, descreveremos alguns finais de partida essenciais que os enxadristas necessitam conhecer para converter a vantagem em vitória.

5.1.1 Rei e peão contra rei

Em finais de rei e peão contra rei, o objetivo central, para quem está em vantagem, é a promoção do peão e a condução do rei adversário para o xeque-mate, enquanto o jogador em desvantagem buscará capturar o peão ou impedi-lo de avançar.

Quando o grupo em vantagem tiver o rei atrás ou ao lado do peão, ocorrerá o empate sempre que o adversário mantiver a oposição. Denominamos *oposição* a situação na qual os reis estão em uma linha ou coluna, frente a frente, separados por um número ímpar de casas; quem tem a vez de jogar perdeu a oposição, pois terá de sair da frente do oponente.

Figura 5.1 Oposição

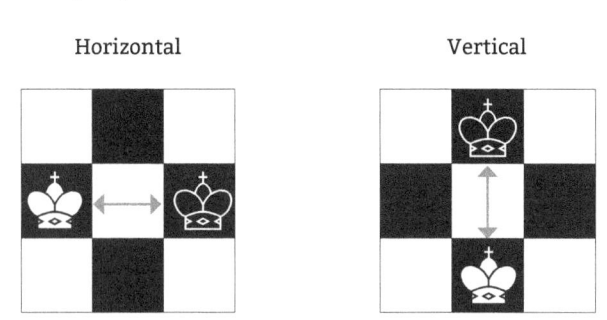

Horizontal   Vertical

A Figura 5.1 apresenta a oposição vertical e a oposição horizontal, em que o objetivo consiste na expulsão do rei adversário da coluna ou da fila.

Modelo A

Figura 5.2 Rei do lado do peão

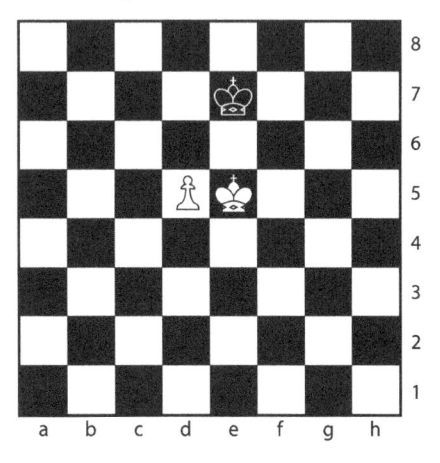

Na Figura 5.2, independentemente de qual jogador tenha o lance, a partida terminará empatada. As peças pretas devem manter a oposição vertical, pois as brancas não terão outra alternativa senão avançar o peão.

A seguir, apresentamos exemplos de jogadas possíveis.

1. ... Rd7

As peças pretas mantêm o rei diante do peão e, assim, impedem que o rei branco ocupe a frente do peão.

2.d6 Rd8

As peças brancas têm de avançar o peão ou ficar movendo o rei para tentar confundir o adversário. Entretanto, quando o jogador conhece a oposição, saberá mantê-la até o último movimento. No lance das peças pretas, o rei ficará na coluna do peão para manter a oposição logo que as brancas joguem o rei em "e6".

3.Re6 Re8

Novamente as peças pretas mantêm a oposição.

4.d7+ Rd8

Com o rei na frente do peão, as peças brancas não têm como expulsá-lo.

5.Rd6 ½-½

O rei está afogado, pois não tem casas livres para se mover e não está em xeque.

Modelo B

Vamos examinar agora outro final importante, quando o rei está na frente do peão, considerando-se qual jogador tem a oposição.

Figura 5.3 Rei na frente do peão

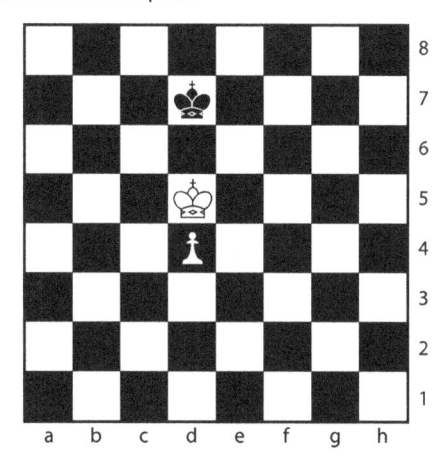

Na Figura 5.3, no caso de o lance ser das peças brancas, quem terá a oposição será o jogador adversário. Consequentemente, a partida terminará empatada com a manutenção da oposição pelas peças pretas.

A seguir, apresentamos exemplos de jogadas possíveis.

1.Re5 Re7

Com a jogada do rei em "e7", as peças pretas mantêm a oposição.

2.d5 Rd7

O avanço do peão conduz a partida para o primeiro exemplo, rei do lado ou atrás do peão.

3.d6 Rd8

As peças pretas mantêm o rei na coluna do peão e, assim, aguardam o rei ocupar a casa "e6", para mantê-lo na oposição.

4.Re6 Re8 5.d7+ Rd8 6.Rd6 ½-½

O jogo termina empatado por afogamento, pois o rei não está em xeque e não pode jogar em nenhuma casa livre.

Agora, considerando-se a mesma posição, no caso de as pretas terem a vez de jogar, elas perderiam a oposição e as peças brancas ganhariam.

1. ... Re7

Como resta apenas o rei para movimentar, as peças pretas perdem a oposição.

2.Rc6 Rd8

As peças brancas podem expulsar o rei preto da coluna "d" e apoiar o avanço do peão.

3.Rd6 Re8

As peças pretas estão forçadas a abandonar a coluna "d".

4.Rc7 Re7

Com o rei em "c7", não há mais possibilidade de o rei preto retornar e bloquear o peão.

5.d5

Agora, as peças brancas podem avançar o peão, promovê-lo e conduzir o rei ao xeque-mate.

Modelo C

Figura 5.4 Rei na frente do peão, rei preto na oitava fila

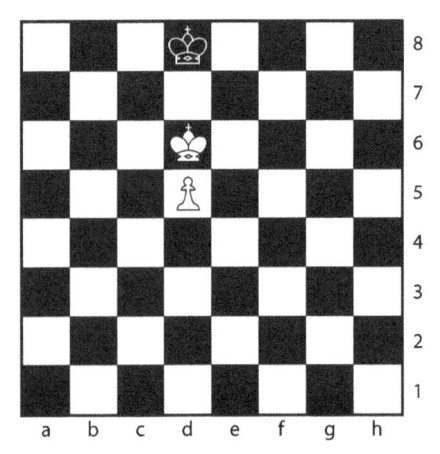

A Figura 5.4 apresenta outro caso em que o rei está na frente do peão. A diferença dessa posição para a anterior consiste no posicionamento das peças, ficando o rei preto na fila 8. Diferentemente do exemplo anterior, aqui haverá apenas um resultado possível, independentemente do jogador da vez. O jogador com o peão ganhará, pois conseguirá expulsar o rei da frente do peão.

Vejamos um exemplo em que as peças brancas jogam.

1.Re6 Re8

As peças brancas retiram o rei, mas não ficam do lado do peão, porque nesse caso o jogador cairia no modelo A, visto anteriormente.

2.d6 Rd8

As peças pretas bloqueiam o peão provisoriamente.

3.d7 Rc7

As peças brancas conseguem o objetivo de retirar o rei da coluna e ficam em oposição horizontal, protegendo o peão no caminho para a promoção.

4.Re7

A partir dessa posição, resta promover o peão e conduzir o rei ao xeque-mate.

Agora, no caso de as peças pretas terem a vez de jogar, a vitória ficará mais simples.

1. ... Re8

O rei preto não tem como manter o bloqueio do peão e deve abandonar a coluna "d".

2.Rc7

As peças brancas ocupam a coluna "c", apoiando o avanço do peão.

Curiosidade

Os jogadores buscam dar xeque-mate, mas podem terminar a partida antes do objetivo alcançado. Quando a partida está perdida, grande parte dos jogadores abandona o jogo; nesse caso, o jogador tomba o rei para simbolizar sua desistência (Becker, 1990).

Modelo D

Quando o peão pertence às colunas "a" ou "h" e o rei está na frente dele, os movimentos conduzirão a partida para o empate.

Figura 5.5 Peão de torre

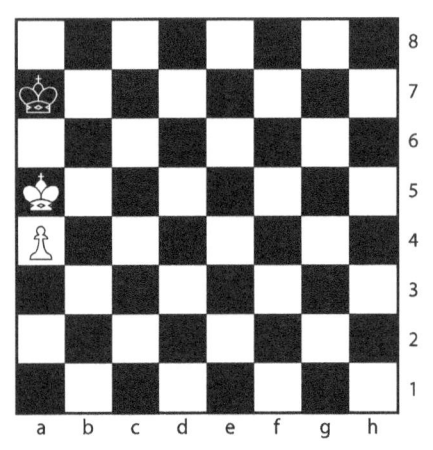

O peão de torre, como indicado na Figura 5.5, termina em empate. Não há como as peças brancas expulsarem o rei preto, e o jogo terminará com o rei afogado, conforme a seguinte sequência:

1. ... Rb7 2.Rb5 Ra7 3.a5 Ra8 4.a6 Ra7 5.Ra5 Ra8 6.Rb6 Rb8 7.a7+ Ra8

O empate também pode ocorrer quando o rei do jogador em desvantagem não está na frente do peão. Nesse caso, apenas haverá empate se o jogador em vantagem tiver o rei na frente do peão e o adversário impedir a retirada do rei da coluna.

Figura 5.6 Rei na frente do peão de torre contra rei

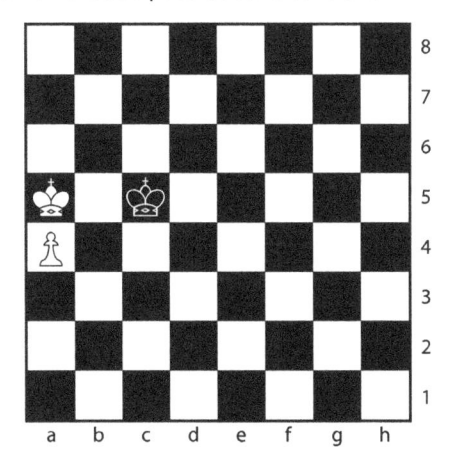

Na Figura 5.6, o jogador deve evitar que o rei branco abandone a coluna "a"; caso isso não seja possível, o jogador das peças pretas terá de manter a ameaça de entrar na coluna "a".

1.Ra6 Rc6

As peças pretas mantêm a oposição horizontal, evitando a saída do rei da coluna "a".

2.a5 Rc7

Após o avanço do peão e a jogada do rei em "c7", as peças brancas podem sair da coluna "a" e jogar o rei em "b5", mas as peças pretas poderão chegar na frente do peão branco, jogando o rei preto em "b8".

3.Ra7 Rc6

Com o rei em "c6", as peças pretas ameaçam chegar próximo ao peão para capturá-lo.

4.a6 Rc7

Novamente há oposição horizontal das peças pretas para evitar que as peças brancas liberem o peão.

5.Ra8 Rb6

As peças pretas ameaçam capturar o peão.

6.a7 Rc7 ½-½

Modelo E

Em algumas situações, o rei está distante do peão e impossibilitado de apoiar o avanço da peça. Nesse caso, consideramos a regra do quadrado para facilitar o cálculo do resultado possível.

Figura 5.7 Regra do quadrado

Em posições em que o rei não pode apoiar o avanço do peão, utiliza-se a regra do quadrado. Na Figura 5.7, podemos visualizar o quadrado imaginário. Assim, é possível determinar se o rei das pretas pode ou não capturar o peão. Quando o rei estiver fora do quadrado, o peão não será alcançado.

A seguir, apresentamos exemplos de jogadas para esse caso.

1.a6 Rd6 2.a7 Rc7 3.a8=D

Caso o rei esteja no quadrado, o peão será alcançado e capturado.

1. ... Rd5 2.a6 Rc6 3.a7 Rb7 4.a8=D+ Rxa8 ½-½

5.2 Situações de empate e suas implicações

As partidas de xadrez podem terminar empatadas de maneiras distintas. Por essa razão, os jogadores devem persistir para tentar evitar a derrota. Entretanto, o jogador apenas conseguirá obter o empate quando conhecer todas as formas de chegar a esse resultado.

5.2.1 Falta de material

O primeiro caso de empate aprendido na prática corresponde à falta de material. Quando o jogador não tem peças suficientes para dar o xeque-mate, então é decretado o empate. Isso ocorre quando o jogador fica com rei contra rei, bispo e rei contra rei, cavalo e rei contra rei e dois cavalos ou, ainda, rei contra rei. Nesse último caso, embora existam posições de xeque-mate, este apenas ocorre com a colaboração do rival, pois não há manobras que forcem a condução do rei para o xeque-mate.

Figura 5.8 Empate por falta de material

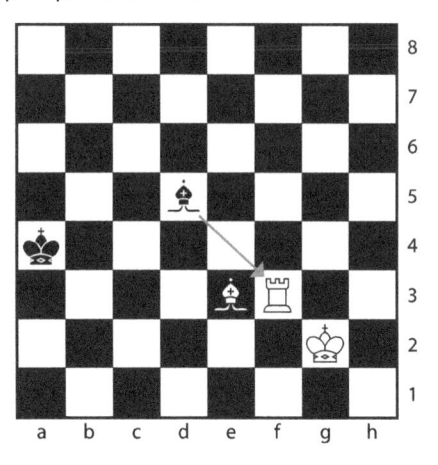

O exemplo da Figura 5.8 mostra a torre branca cravada pelo bispo, que, na sequência, vai capturar essa torre. A partida terminará empatada, pois o mate de bispo branco e rei branco contra o rei adversário não é possível.

5.2.2 Rei afogado

O empate por afogamento ocorre quando o rei não está ameaçado, não tem peças para movimentar e tem o lance. Ao se observar que o rei não tem movimentos possíveis, um sacrifício de peça poderá evitar a derrota.

Figura 5.9 Empate por rei afogado

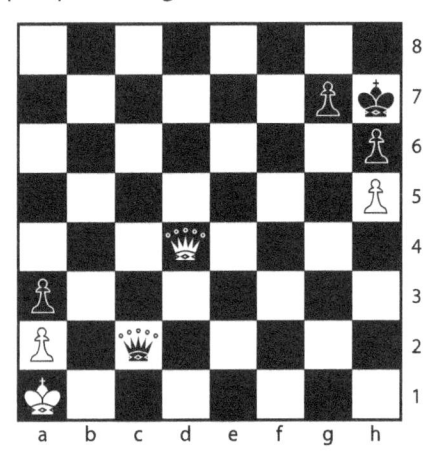

Podemos verificar, na Figura 5.9, a vantagem das peças pretas, que ameaçam dar xeque-mate em "c1". As peças brancas não têm como evitar o xeque-mate; assim, o jogador das peças brancas buscou a salvação em um dos casos de empate. Com o sacrifício da dama em "g7+", as peças brancas trocam a única peça que poderiam movimentar e afogam o rei.

5.2.3 Xeque perpétuo

O xeque perpétuo caracteriza-se por repetidas ameaças ao rei em que o adversário não tem a oportunidade de fuga.

Figura 5.10 Empate por xeque perpétuo

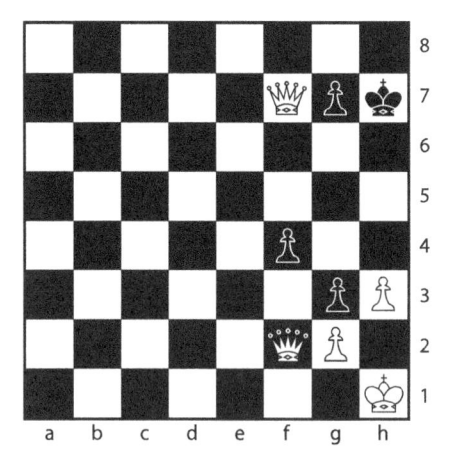

Na Figura 5.10, as peças pretas ameaçam dar mate com a dama em "e1" e "f1". As peças pretas conseguem evitar o mate jogando "1.Dh4+ Rg8 2.Dd1". Contudo, depois de as pretas avançarem o peão em "f3", o jogo estará perdido para as brancas, pois, caso as peças brancas capturem o peão preto com o peão de "g", as peças pretas continuarão com a dama em "h2" e ocorrerá xeque-mate. Caso as peças brancas capturem o peão em "f3" com a dama, então as pretas jogarão "De1+", seguido de xeque-mate. A única solução é dar xeque no rei preto com a dama com "1.Dh4+" e, quando o rei fugir para "g8", dar xeque com a dama branca em "e8". As peças pretas não conseguirão fugir dessa rotina, e a partida terminará empatada.

5.2.4 Comum acordo

Em posições de equilíbrio, o jogador pode propor empate ao adversário. Caso o adversário concorde com a solicitação, a partida terminará empatada.

Figura 5.11 Empate por comum acordo

Na posição da Figura 5.11, há equilíbrio material. As perspectivas de vitória de um ou outro jogador não estão claras. Desse modo, o empate ofertado por um dos jogadores poderá encerrar a partida, se o adversário aceitar.

5.2.5 Tripla repetição

Quando a mesma posição das peças sobre o tabuleiro ocorre em três oportunidades, independentemente do número de lance entre elas, um dos jogadores pode exigir o empate.

Figura 5.12 Empate por tripla repetição

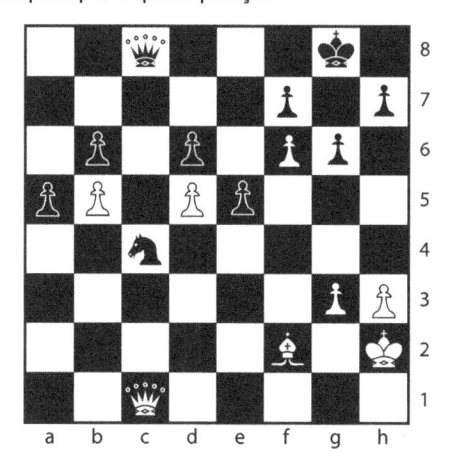

No exemplo da Figura 5.12, as peças brancas podem jogar a dama na casa "h6", com ameaça de xeque-mate. A única defesa possível das pretas corresponde à jogada "Df8", protegendo a casa "g7". Então a dama branca retorna para a casa "c1", com ameaça ao cavalo. Para evitar a perda material, as peças pretas deverão retornar a dama para "c8". Caso as peças brancas insistam com a ameaça em "h6", as pretas terão de colocar a dama em "f8". Nesse caso, a posição se repetiu duas vezes e, repetindo-se outra vez, haverá o empate. A repetição da posição para exigência do empate poderá ocorrer independentemente do número de lances entre as posições repetidas.

5.2.6 Regra dos 50 lances

O jogador poderá exigir o empate quando tiverem sido realizadas 50 jogadas seguidas sem a captura de peças ou movimentos de peões. Por isso, a regra dos 50 lances ocorre com maior frequência nos finais de partidas, com a falta dos peões, e quando o adversário tem dificuldade para dar o xeque-mate.

5.3 A importância do rei no final de jogo

Jogando, aprendemos a relatividade do jogo, e com o rei não é diferente. Durante a abertura e o meio-jogo, é importante proteger o rei e deixá-lo guardado em segurança.

Entretanto, nos finais, a utilização do rei como peça de ataque decide as partidas. Com poucas peças sobre o tabuleiro, os riscos são menores, e o rei pode percorrer as casas na caça dos peões do oponente.

Figura 5.13 Final de partida de Frank Marshall *versus* Alexander Alekhine, 1929

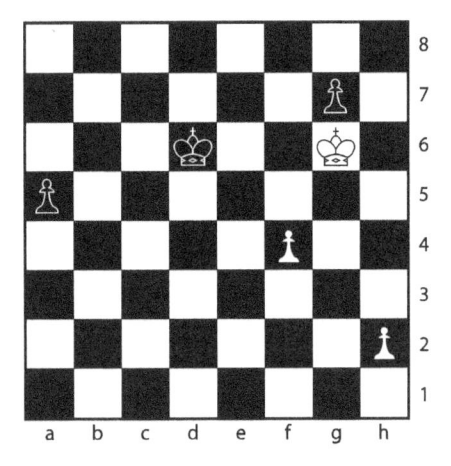

Fonte: Elaborada com base em Chessbase, 2022.

Na posição da Figura 5.13, após o lance "54. ... Rxd6", o jogo será definido pela promoção, pois as peças pretas têm um peão livre na coluna "a", enquanto as peças brancas podem capturar e promover o peão da coluna "f", que está avançado. A questão será resolvida pelos tempos que cada peça tem até chegar à casa de promoção.

As pretas necessitam de quatro movimentos para promover o peão de "a", e as brancas, cinco lances, já que terão de capturar o peão de "g" com o rei. As peças brancas têm o lance, mas as pretas promovem primeiro e com xeque, evitando, assim, a promoção imediata do peão. Da mesma forma, o rei preto está próximo do peão e poderá interceder para evitar a promoção deste. A partida conclui com as seguintes jogadas:

55.f5 a4 56.Rxg7 a3 57.f6 a2 58.f7 a1=D+ 59.Rg8 Dg1+ 0-1

Podemos observar outro exemplo na Figura 5.14, posição resultante após o lance "40. ... Rg4", momento em que cada jogador tem quatro peões e o rei.

Figura 5.14 Final de partida de Max Lange *versus* Otto Wuelfling, 1894

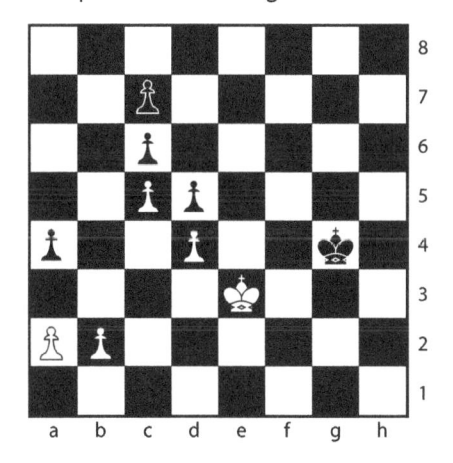

Fonte: Elaborada com base em Chessbase, 2022.

As peças brancas necessitariam de cinco lances para eliminar o peão em "a" e liberar a coluna para avançar o próprio peão. Avançado o peão, precisariam de mais cinco jogadas. As pretas, para capturar o peão de "d", têm de retirar o rei da coluna e avançar o peão em apenas oito lances. Contudo, as peças brancas podem ganhar alguns tempos e chegar antes do que o adversário. O bloqueio e a entrega do peão em "b3" permitem às peças brancas avançar o peão duas casas e reduzir o caminho para a promoção. Assim, mantêm a vigilância do ponto "d4" e o peão de "b3".

A seguir, vejamos a sequência de jogadas após essa configuração.

41.a3 Rf5

O lance "a3" bloqueia o peão e deixa as peças pretas sem opções, pois elas devem ficar perto do peão de "d".

42.Rd3 Rf4

Em "d3", o rei branco fica na proteção do peão central.

43.b3 axb3

A entrega do peão libera o peão de "a". As peças brancas estão no quadrado do peão de "b".

44.a4 b2

O peão branco começa a avançar, e as peças pretas jogam o peão de "b" para afastar o rei branco da defesa do peão central.

45.Rc2 b1=D+

Agora, o peão de "d" fica sem a proteção do rei das peças brancas, porém as brancas têm o perigoso peão de "a", e o rei poderá obstruir o caminho do peão de "d" para a promoção.

46.Rxb1 Re4 47.a5 Rxd4 48.a6 Rxc5 49.a7 d4 50.a8=D Rd5 51.Rc2 1-0

Nos finais, o rei manobra para capturar os peões adversários bloqueados. Para obter um resultado favorável, o jogador deverá contornar a cadeia de peões e expulsar o rei adversário por meio da oposição.

Figura 5.15 Final de partida de Edward *versus* Paul Keres, 1939

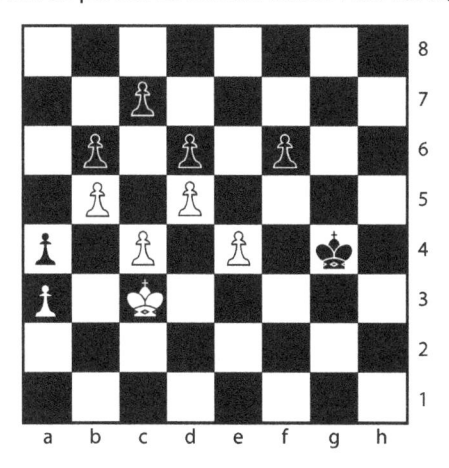

[Diagrama de xadrez]

Fonte: Elaborada com base em Chessbase, 2022.

Na situação da Figura 5.15, após o lance "64.Rg4", as peças pretas conseguiram contornar a cadeia de peões e poderão atacá-los. Podemos verificar a oposição horizontal, com a finalidade de forçar o rei branco a abandonar o peão de "e4".

A seguir, vejamos a sequência de jogadas após essa configuração.

65.Rd4 Rf4

As peças brancas não tinham uma opção melhor, pois todas as peças pretas manteriam a oposição ou poderiam capturar rapidamente o peão de "e4". Com o lance "Rf4", as pretas ganham a oposição.

66.Rd3 Rf3

Dessa forma, as peças pretas provocam o recuo do rei adversário.

67.Rd4 Re2

As peças pretas contornaram a posição e conseguem afastar o rei branco. Qualquer movimento de peão levará à perda material.

68.Rc3 Re3

Agora, o peão está perdido; resta promover o peão de "f".

69.Rb4 Rxe4 70.Rxa4 f5 71.Rb3 Rd3 72.a4 f4 0-1

O peão das peças pretas de "f" será promovido sem dificuldade, e o branco em "e4" não consegue passar, pois a casa "a5" está vigiada pelo peão preto de "b6".

5.4 Xeques-mate clássicos de final de jogo

Para dar xeque-mate, são necessários, no mínimo, uma torre e o rei. Com um cavalo ou um bispo e rei contra rei, não há posição de xeque-mate, e o resultado será o empate.

5.4.1 Rei e torre contra rei

Para dar xeque-mate, o enxadrista deve conduzir o rei adversário para a beira do tabuleiro. Enquanto o rei estiver no centro, não será possível dar xeque-mate. Considerando-se que o rei não pode ficar próximo a outro rei, com a torre se pode começar a reduzir o espaço de circulação do rei do oponente.

Figura 5.16 Rei e torre contra rei

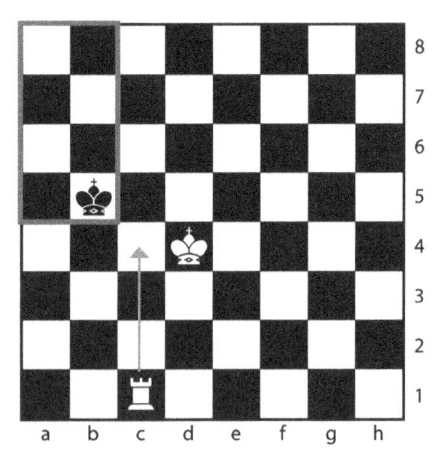

No final de rei e torre contra rei, representado na Figura 5.16, o propósito inicial será reduzir o espaço livre do rei preto.

A seguir, vejamos a sequência de jogadas que podem ser realizadas nesse caso.

1.Tc4 Rb6

As peças brancas limitam o rei em um retângulo de 2 × 4, e o objetivo será reduzir esse espaço sem deixar o rei fugir.

2.Tc5 Ra6

Agora, observamos um retângulo de 2 × 3.

3.Rd5 Rb7

As peças brancas precisam trazer o rei para apoiar a torre.

4.Tc6 Rb8

O espaço das peças pretas fica reduzido a um quadrado de 2 × 2.

5.Rd6 Rb7

O rei se aproxima para preparar o xeque-mate.

6.Rd7 Rb8

Quando o rei adversário ataca a torre, convém manter a defesa com o próprio rei para não liberar espaço para o adversário.

7.Tb6+ Ra8

Restam apenas as casas "a7" e "a8". O rei deve ter a possibilidade de se movimentar para não ficar afogado.

8.Rc7 Ra7

Com o rei em "c7", a torre branca ficará protegida, e o rei preto, impossibilitado de fugir.

9.Tc6 Ra8

As peças brancas têm de ganhar um tempo sem liberar casas para o rei adversário.

10.Ta6++ 1-0

As brancas alcançam o objetivo pretendido sem deixar o rei preto escapar.

5.4.2 Rei e dama contra rei

Nos finais com a dama, o jogador pode utilizar o mesmo princípio ensinado com a torre ou seguir o processo que será explicado na sequência.

Figura 5.17 Rei e dama contra rei

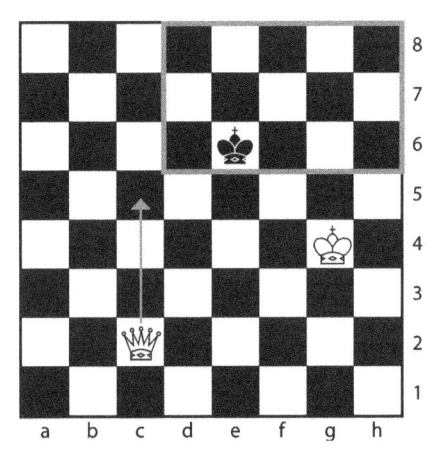

Apenas com a dama, é possível conduzir o rei para a beira do tabuleiro. A seguir, apresentamos a sequência de jogadas que podem ser realizadas nesse caso.

1.Dc5 Rf6

Jogando-se a dama na casa "c5", conforme indicado na Figura 5.17, o rei preto vai buscar uma das três alternativas, que são "d7", "f6" e "f7".

2.Dd5 Rg7

À medida que as peças pretas recuam, as brancas avançam, retirando as opções de retorno das pretas.

3.De6 Rh7

Conforme o rei preto se aproxima da beira do tabuleiro, o jogador das peças brancas deve cuidar para não afogar o rei.

4.Df6 Rg8

As peças brancas conseguem levar o rei para a beira do tabuleiro.

5.De7 Rh8

O rei está preso na oitava fila, com casas livres para se movimentar.

6.Rg5 Rg8

O rei deve ir em direção ao rei preto.

7.Rg6 Rh8

A dama e o rei branco estão posicionados, e o rei preto, confinado na oitava fila. Agora o jogador poderá dar xeque-mate.

8.De8++ 1-0

O rei preto em "h8" está sem saída e atacado pela dama.

5.4.3 Rei e duas torres contra rei

Com duas torres, o processo para o xeque-mate não gera grandes dificuldades e pode ser realizado em poucos lances.

Figura 5.18 Rei e torres contra rei

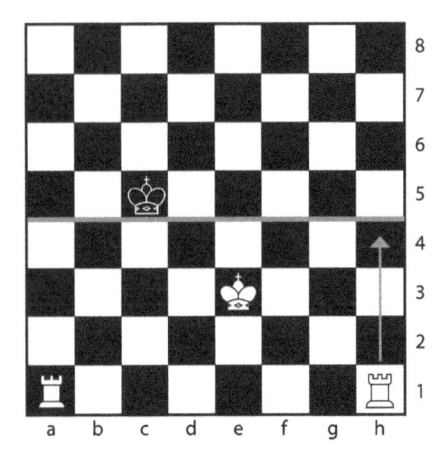

O xeque-mate com as duas torres é denominado *mate da escadinha*. A posição da Figura 5.18 apresenta as duas torres e a seta indicando o lance inicial. Nesse caso, a ideia básica consiste em usar uma torre para atacar a fila da frente do rei e a outra torre para atacar o rei e forçá-lo a ir para a borda do tabuleiro, conforme os lances descritos a seguir.

1.Th4 Rc6

A torre atacará a linha na frente do rei, impossibilitando a descida dele.

2.Ta5 Rb6

Como o rei subiu uma linha, a outra torre ameaça a linha da frente.

3.Thh5 Rb7

Como a torre estava atacada, as peças brancas defendem a torre com a outra torre.

4.Th6 Rc8 5.Ta7 Rb8 6.Thh7 Rc8 7.Ta8++ 1-0

O rei preto em "c8" está atacado pela torre em "a8" e não pode ir para a sétima linha, pois a linha está atacada pela outra torre, situada em "h7".

5.5 Memória e concentração no jogo de xadrez

Durante as partidas, o enxadrista se submete a um processo contínuo de desafios e resolução de problemas. Dessa forma, o jogador deve ampliar o repertório de informações adquiridas em treinamento e estudos temáticos, buscando extrair o máximo das análises.

O xadrez surge como um campo propício para estudos científicos, e sua prática envolve muitos processos cognitivos superiores, entre eles a concentração e a memória.

O estudo do enxadrista requer a reflexão sobre os lances de partidas do próprio enxadrista ou de outros jogadores conceituados. Essa disciplina forma o hábito e fortalece a concentração, que é muito necessária, pois, em cada movimento, detalhes poderão determinar os rumos da partida. Cabe lembrar que, durante o jogo, a luta reside em somar pequenas vantagens desde a primeira jogada.

Aliás, a concentração foi motivo de pesquisa de Duan et al. (2012), os quais analisaram a capacidade de concentração de Grandes Mestres chineses em comparação com a concentração de jogadores iniciantes. Os pesquisadores identificaram que os Grandes Mestres conseguiam desativar a área do cérebro que gera pensamentos espontâneos, *default mode network* (DMN), e atua em atividades desconectadas com a análise central.

Logo, a prática do xadrez frequente contribui para a capacidade de concentração e pode transferir essa capacidade como benefício para o ensino escolar. Além disso, fortalece a capacidade de concentração necessária durante uma partida completa, que pode demorar um longo período.

Igualmente, a memória ocupa um lugar essencial, pois permite construir novos conhecimentos e estabelecer bases sobre aquilo já conhecido. Binet (1894) pesquisou sobre a habilidade dos jogadores de xadrez em realizar partidas às cegas e foi pioneiro nas pesquisas utilizando esse jogo. Em seu trabalho, o autor relacionou a compreensão das posições pelos especialistas, a imaginação para o preenchimento dos detalhes incompletos na mente do jogador durante as partidas e a memória visual abstrata. Conforme o estudo, a memória não apresenta as posições bem definidas, porém o conhecimento e a experiência no jogo facilitam a reconstrução de posições imperfeitas em nossa mente.

De Groot (1978) acrescenta uma importante contribuição relativa aos agrupamentos de peças que os enxadristas assimilam, fator que agiliza a tomada de decisão durante os jogos.

Nesse mesmo sentido, Chase e Simon (1973) associaram esses agrupamentos à teoria dos *chunks* de Miller sobre a capacidade da memória (Miller, 1956), segundo a qual o reconhecimento das posições é determinado pelo número de *chunks* que estão armazenados em nosso subconsciente. Os *chunks* são grupos de informações que facilitam a capacidade de memorização.

De acordo com Miller (1956), podemos ampliar a memória de curto prazo por meio de treinamento. Por sua vez, os estudos de De Groot (1978) e Chase e Simon (1973) indicaram diferenças no número de *chunks* utilizados pelos Grandes Mestres em relação aos principiantes.

É possível afirmar que os enxadristas assimilam posições de peças, treinando a memória constantemente para aplicar o conhecimento durante as partidas. Para Cristo e Günter (2016), o hábito aparece como um comportamento aprendido, tornando certas atividades automáticas.

Considerando-se a necessidade de formação do hábito relacionado a atividades positivas para a educação, o xadrez se apresenta como um ambiente propício ao estímulo da capacidade mental por meio da ludicidade, uma vez que esse jogo permite exercitar e colocar em prática habilidades cognitivas positivas para o ensino escolar.

Síntese

Neste capítulo, abordamos os princípios a serem observados para jogar bem os finais de partidas. Enfocamos a oposição, os finais de peões e as diferentes formas de empatar uma partida. Destacamos a importância do rei ativo como peça determinante para a vitória. Vimos também como dar xeque-mate com torre e rei contra rei e com dama e rei contra rei, bem como o mate de escadinha com duas torres.

Finalizamos o capítulo com questões relativas à memória e à concentração no xadrez.

Atividades de autoavaliação

1. Sobre os finais, é correto afirmar que:
   a) dependem de sorte para o jogador obter uma posição favorável.
   b) a regra do quadrado serve para determinar quando o rei rival pode ou não alcançar o peão solitário.
   c) o peão se promove sem o apoio do rei.
   d) rei e peão são suficientes para dar xeque-mate, quando o adversário tem apenas o rei.
   e) em finais de peões, o jogo termina frequentemente em empate.

2. Assinale com V (verdadeiro) ou F (falso) as seguintes afirmações sobre os casos de empate:

( ) Uma disputa de rei e dois bispos contra rei empata por falta de material.
( ) Uma disputa de rei e dama contra rei pode terminar com rei afogado.
( ) O empate por comum acordo independe do número de peças sobre o tabuleiro.
( ) Não há como escapar dos xeques no empate por xeque perpétuo.

Agora, marque a alternativa que apresenta a sequência correta:

a) F, V, V, V.
b) F, V, F, V.
c) F, F, F, V.
d) F, F, V, V.
e) V, V, F, V.

3. Verifique a figura a seguir e marque a alternativa que melhor explica a posição:

Figura A Final de peões e reis

a) As brancas vencem.
b) Sendo o lance das pretas, haverá empate.
c) As brancas jogam, resultando em empate.
d) As pretas vencem.
e) Independentemente de quem for jogar, a posição está empatada.

4. Assinale com V (verdadeiro) ou F (falso) os lances para o xeque-mate indicados na figura a seguir:

Figura B Xeque-mate de rei e dama contra rei

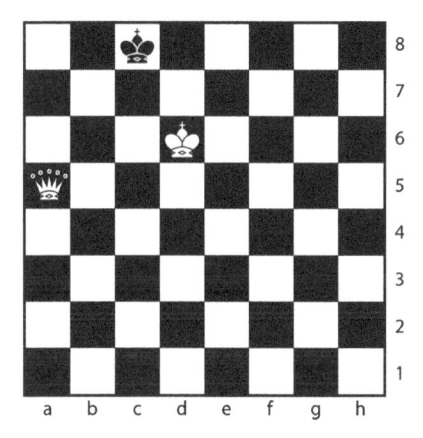

( ) 1.Da8++
( ) 1.Db6++
( ) 1.Dc7++
( ) 1.Dd8++

Agora, marque a alternativa que apresenta a sequência correta:

a) V, F, V, F.
b) V, V, V, V.
c) F, F, F, V.
d) F, F, F, F.
e) V, F, F, V.

5. Com relação à memória e à concentração no xadrez, é correto afirmar que:
   a) Binet (1984) descartou a memória em suas pesquisas.
   b) não há relação dos agrupamentos com a memória, segundo De Groot (1978).
   c) são fundamentais para jogar uma partida de xadrez.
   d) o enxadrista necessita decorar muitos lances; assim, o jogo usa exclusivamente a memória.
   e) a concentração tem pouca relevância para a prática do jogo.

Atividades de aprendizagem

Questões para reflexão

1. Nos finais, é possível determinar o resultado com base nos modelos conhecidos. Dessa maneira, o estudo dessa fase da partida permite somar recursos para serem utilizados durante os jogos, salvando partidas aparentemente perdidas.

   Conforme estudamos, com peão de torre e rei contra o rei, haverá empate, desde que o rei oponente fique na frente do peão. Analise as figuras a seguir e determine os resultados possíveis.

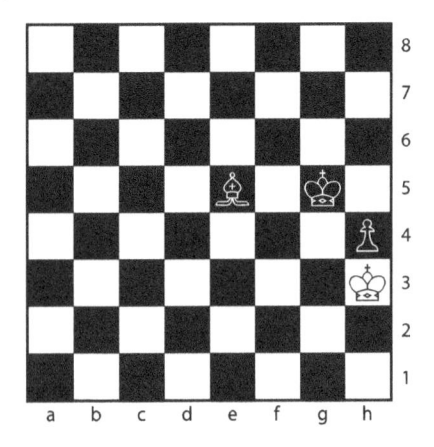

   Figura C Bispo de casa de cor oposta à da casa de promoção do peão de "h"

Figura D Bispo de casa de cor igual à da casa de promoção do peão de "h"

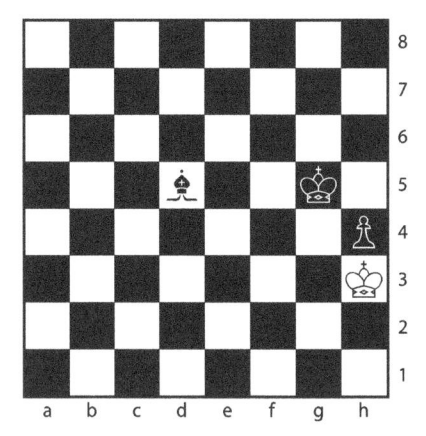

2. Neste capítulo, vimos seis situações de empate durante uma partida de xadrez. Procure revisar todos os casos para que não fiquem dúvidas, pois o empate pode representar a chance de salvar o jogo de uma derrota possível.

Figura E Final de partida de David Janowski *versus* Ernst Gruenfeld, 1925

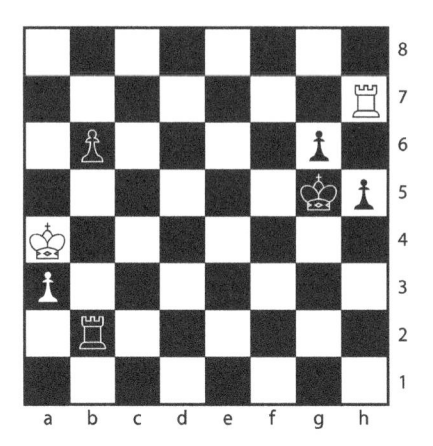

Fonte: Elaborada com base em Chessbase, 2022.

Na posição da Figura E, as peças brancas procuram o empate, pois as pretas têm vantagem. Tente encontrar a solução nesse caso.

Atividade aplicada: prática

1. Estudamos os finais de peões, porém existem vários tipos de finais que o jogador de xadrez precisa conhecer, entre eles os finais de peões e torres. A posição da Figura F, com os lances certos, conduz ao empate. Experimente jogar essa posição com um amigo de peças brancas para tirar suas conclusões.

Figura F Análise de final de Philidor

Fonte: Elaborada com base em Chessbase, 2022.

Compare suas conclusões com os objetivos do jogador das peças brancas.

O rei branco deve permanecer na coluna "e" para evitar que o peão promova. Quando o peão avançar, a torre terá de ir para a oitava fila para dar xeques repetidos no rei adversário, empatando a partida.

Capítulo 6

Xadrez e suas aplicações no contexto escolar

Fernanda Letícia de Souza

Se considerarmos as inúmeras qualidades pedagógicas, cognitivas e sociais do xadrez, já examinadas ao longo desta obra, nenhum contexto poderia ser mais adequado à sua aplicação e ensino do que o escolar.

Na escola, o xadrez pode ser trabalhado tanto de forma curricular, nas aulas de Educação Física, como de forma extracurricular, em atividades de iniciação esportiva ofertadas no contraturno. Independentemente do formato da oferta, o ensino-aprendizagem de xadrez é capaz de melhorar habilidades cognitivas, como a memória e o raciocínio, e habilidades sociais, como a autoestima e a autonomia.

Neste capítulo, mostraremos como o xadrez pode ser trabalhado de forma interdisciplinar, educativa e formativa na escola e nas aulas de Educação Física. Apresentaremos dicas para a organização de torneios escolares e formas de utilização do relógio de xadrez, bem como uma série de atividades pré-desportivas que utilizam a ampla gama de possibilidades que o xadrez proporciona.

6.1 Xadrez como ferramenta pedagógica na escola

Existem várias formas de praticar o xadrez e, no capítulo inicial deste livro, abordamos duas delas: o xadrez como lazer ou atividade lúdica e o xadrez competição. Neste capítulo, vamos enfocar uma terceira forma de utilização desse esporte tão rico: o xadrez pedagógico.

De acordo com Oliveira (2019), o xadrez de caráter pedagógico pode ser definido como "uma manifestação que possibilita aperfeiçoar as habilidades cognitivas do processo ensino-aprendizagem", tanto na educação formal quanto na educação não formal. Na aplicação do jogo dessa forma, é necessário que o professor concentre o ensino na oferta de atividades relacionadas ao xadrez que visem aprimorar o desempenho escolar do aluno.

O xadrez é, sem dúvida, uma ferramenta que desenvolve as capacidades do raciocínio lógico, pois sua prática estimula a busca dos meios adequados para alcançar um determinado fim, a imaginação concreta de situações futuras próximas e a tomada de decisões vinculadas à resolução de problemas.

De modo geral, para além do pedagógico, o jogo de xadrez enriquece o nível cultural do indivíduo, melhora a agilidade do pensamento e a segurança na tomada de decisões e, como qualquer esporte, possibilita ao praticante aprender a lidar com a vitória e com a derrota, respeitando seus limites e os do adversário.

Isso acontece em virtude das características do próprio jogo e de suas regras, que estimulam diferentes habilidades cognitivas e pedagógicas nos praticantes. O Quadro 6.1 apresenta as características do xadrez e suas implicações pedagógicas e educativas.

Quadro 6.1 Características do xadrez e suas implicações educativas

Características do xadrez	Implicações nos aspectos educacionais e de formação do caráter
Ficar concentrado e imóvel na cadeira	Desenvolvimento do autocontrole psicofísico
Fornecer um número de movimentos em determinado tempo	Avaliação da estrutura do problema e do tempo disponível
Movimentar peças após exaustiva análise de lances	Desenvolvimento da capacidade de pensar com abrangência e profundidade
Após encontrar um lance, procurar outro melhor	Tenacidade e empenho no progresso contínuo
Partindo de uma posição a princípio igual, direcionar para uma conclusão brilhante (combinação)	Criatividade e imaginação
O resultado indica quem tinha o melhor plano	Respeito à opinião do interlocutor
Dentre as várias possibilidades, escolher uma única, sem ajuda externa	Estímulo à tomada de decisões com autonomia
Um movimento deve ser consequência lógica do anterior e deve preparar o seguinte	Exercício do pensamento lógico, autoconsciência e fluidez de raciocínio

Fonte: Silva, citado por Oliveira, 2019.

Embora exista uma vasta gama de jogos e atividades lúdicas capazes de contribuir para a melhora da capacidade intelectual e psíquica dos alunos, estudos científicos apontados por Oliveira (2019) comprovam que o xadrez se destaca no que diz respeito às qualidades pedagógicas do jogo, colaborando de forma efetiva para o desenvolvimento do raciocínio lógico, da capacidade de análise, síntese e resolução de problemas, da abstração e da objetividade, do autocontrole, da autocrítica, da autoavaliação e da autoestima.

Como ferramenta pedagógica, o xadrez deve ser jogado intuitivamente, para que sejam potencializadas as características capazes de estimular a cognição do aluno. Claro que é inevitável que a parte mais técnica do xadrez seja abordada com alunos mais avançados, porém é fundamental que o professor educador nunca deixe de lado os aspectos pedagógicos do jogo, de modo a contribuir para o desenvolvimento escolar do aluno de forma geral, ou seja, não somente no xadrez, mas em diversas disciplinas curriculares.

A implementação do xadrez no currículo escolar brasileiro é um assunto já amplamente debatido entre autores especializados, e muitas escolas que ofertam período integral já contam com o jogo integrado à sua grade de aulas. A principal discussão gira em torno da sistematização do xadrez no currículo e das propostas das aulas na escola (Oliveira, 2019).

Segundo Oliveira (2019), em vários países, o xadrez já é uma ferramenta muito utilizada no currículo escolar, sob a forma de projetos ou de disciplina extracurricular, sendo incorporado com vistas a explorar os benefícios, vantagens e virtudes do jogo e melhorar o desempenho dos alunos dentro e fora da sala de aula.

Além disso, os jogos, de forma geral, são conteúdos previstos nas escolas brasileiras. De acordo com os Parâmetros Curriculares Nacionais (PCN), disciplina de Educação Física, do Ministério da Educação (Brasil, 1997), os jogos implicam o cultivo de valores fundamentais tanto na educação motora e cognitiva como na educação emocional dos estudantes, pois "nos jogos, ao interagirem com os adversários, os alunos podem desenvolver o respeito mútuo, buscando participar de forma leal e não violenta. Confrontar-se com o resultado de um jogo [...] permitem [sic] a vivência e o desenvolvimento da capacidade de julgamento de justiça (e de injustiça)" (Brasil, 1997, p. 25).

Os jogos podem ser exercidos com caráter competitivo, cooperativo ou recreativo e em situações festivas, comemorativas, de confraternização ou ainda no cotidiano escolar, como simples passatempo e diversão. Entre as opções de jogos se incluem as brincadeiras regionais e os jogos de salão, de mesa e de tabuleiro, como o xadrez.

A inclusão do xadrez em ambiente escolar, principalmente em classes de alunos com dificuldades de aprendizagem, é defendida por diversos autores especialistas no assunto, que destacam a importância de se capacitarem os professores de forma adequada para trabalhar com o jogo na escola, pois se faz necessário o conhecimento técnico do xadrez, além da atenção aos aspectos pedagógicos.

6.1.1 O xadrez e a interdisciplinaridade na escola

A interação entre as disciplinas representa uma visão diferenciada do processo de ensino-aprendizagem, pois num projeto interdisciplinar não se ensina nem se aprende, mas se vivem e se aplicam os conteúdos, o que torna a aprendizagem muito mais efetiva.

Como vimos anteriormente, a ideia da adoção do xadrez no currículo escolar é amplamente defendida por autores e pesquisadores especialistas no jogo, os quais apontam que o ensino do xadrez, incorporado como disciplina regular ou extracurricular de modo sistemático, surge como uma ótima opção. Além de possibilitar o desenvolvimento cognitivo dos estudantes, o xadrez oportuniza a implementação de projetos interdisciplinares com várias áreas do currículo escolar, unindo o espírito inovador das instituições educacionais com a imagem de intelectualidade do esporte.

O raciocínio lógico e o cálculo são características do xadrez que o relacionam diretamente com a disciplina de Matemática, possibilitando o desenvolvimento de vários projetos, tanto no que diz respeito ao suporte pedagógico para alunos com dificuldades na matéria quanto no que se refere à relação de cálculos de capturas e estratégias de meio-jogo e final com as operações aritméticas.

Os aspectos históricos e sociais do xadrez podem ser trabalhados em projetos que envolvam a disciplina de História. Todos os ricos detalhes da invenção do jogo, que retrata o sistema de castas da Índia, como a evolução de suas regras e peças até o formato atual, relacionado a questões da sociedade monárquica e religiosa da Europa dos séculos passados, podem ser explorados nas aulas de História e em projetos.

A confecção de peças e tabuleiros pelos próprios estudantes, com a utilização de diferentes técnicas artísticas, pode render um projeto com a disciplina de Arte, no qual os alunos confeccionam o material necessário à implementação do jogo no currículo escolar.

Ainda é possível envolver a disciplina de Educação Física, por meio de projetos que integrem o xadrez no conteúdo de jogos já previsto nos PCN (Brasil, 1997) e por meio de atividades que integrem o xadrez com o movimento corporal.

6.2 Xadrez nas aulas de Educação Física

A Educação Física é componente curricular obrigatório desde 1996, conforme determina o art. 26, parágrafo 3º, da Lei n. 9.394, de 20 de dezembro de 1996 (Brasil, 1996): "A educação física, integrada à proposta pedagógica da escola, é componente curricular obrigatório da educação básica, sendo sua prática facultativa ao aluno [...]".

De lá para cá, já ocorreram muitos debates acerca dos conteúdos que devem ser trabalhados nas aulas de Educação Física nas escolas. Os PCN estabelecem que os conteúdos da Educação Física devem priorizar práticas da cultura corporal cuja aprendizagem favoreça "a ampliação das capacidades de interação sociocultural, o usufruto das possibilidades de lazer, a promoção e a manutenção da saúde pessoal e coletiva" (Brasil, 1997, p. 35).

Assim, os conteúdos da Educação Física na escola se dividem em três grandes blocos: 1) conhecimentos sobre o corpo; 2) atividades rítmicas e expressivas; e 3) esportes, jogos, lutas e ginástica.

No que diz respeito aos jogos, é possível desenvolver e valorizar, por meio de seu ensino e prática, a solidariedade e o respeito ao outro. De acordo com os PCN (Brasil, 1997), no que se refere à postura diante do adversário, as atitudes de solidariedade e dignidade podem ser desenvolvidas nos momentos em que, por exemplo, quem ganha é capaz de não provocar e não humilhar e quem perde pode reconhecer a vitória dos outros sem se sentir humilhado.

É nesse bloco de conteúdos (esportes, jogos, lutas e ginástica) que se enquadram o ensino e a prática do xadrez na escola. Para além das qualidades como jogo, enfatizadas e amplamente discutidas nos PCN, o xadrez ainda agrega o estímulo e o desenvolvimento de habilidades cognitivas como a memória, a concentração e o raciocínio lógico, apresentando-se como excelente opção para o trabalho desses conteúdos nas aulas de Educação Física.

6.2.1 Introdução do xadrez nas aulas de Educação Física

A introdução do xadrez nas aulas de Educação Física pode ser feita na fase prevista para o trabalho com o conteúdo de jogos. Conforme já mencionamos, o xadrez traz inúmeros benefícios aos estudantes, seja pelas suas qualidades como jogo, seja pelas qualidades pedagógicas específicas.

O indicado é que, nas aulas, o jogo de xadrez seja trabalhado, inicialmente, por meio de atividades pré-enxadrísticas e exercícios de preparação para a introdução das partidas propriamente ditas. É sempre interessante que o professor explore os aspectos históricos e sociais do xadrez, estabelecendo relações interdisciplinares com outros componentes curriculares e aumentando o interesse dos estudantes pelo conteúdo.

Na sequência, pode-se dar início aos conteúdos técnicos e teóricos do xadrez para, por fim, adentrar nos conteúdos táticos do jogo. De acordo com Silva e Pádua (2014), o xadrez é um recurso educativo a mais para o professor e que pode ser trabalhado, sem preconceitos, com ambos os sexos e em diferentes faixas etárias, com ótima aceitação entre os estudantes.

Como encerramento do bimestre ou trimestre, é possível ainda organizar um pequeno torneio interno na escola, para que se possa fazer um fechamento do conteúdo e para que os estudantes possam aplicar o conhecimento adquirido ao longo das aulas. No decorrer deste capítulo, você verá como é possível organizar um torneio de xadrez.

O xadrez pode ser empregado pelo professor de Educação Física nas aulas em situações de jogo, de brincadeira e de esporte, e não há necessidade de que o professor tenha conhecimentos aprofundados sobre o jogo, pois a aplicação do xadrez no contexto escolar visa sempre ao formato educativo.

Ademais, por ser um jogo intelectual e muito flexível, no que diz respeito a adaptações, o xadrez pode ser aplicado em momentos de ensino e de prática, sob o formato de diferentes atividades pré-desportivas, como a queimada xadrez, o xadrez australiano e outras possibilidades que serão detalhadas na Seção 6.5. Há diversas possibilidades que estimulam a criatividade, a convivência e a interação entre os estudantes durante e após as aulas, pois a prática do xadrez pode ainda ser levada aos momentos de recreio e intervalo.

Inserido nas aulas de Educação Física como conteúdo em todos os níveis de ensino, o xadrez passa a ser utilizado de forma sistematizada e torna-se um excelente instrumento para a interdisciplinaridade, acarretando efeitos significativos para o desenvolvimento cognitivo e a aprendizagem dos alunos. Como jogo de estratégia e planejamento tático apurado, proporciona ainda mudanças de atitudes, formando sujeitos autônomos e independentes, com capacidade de resolver problemas e tomar decisões com segurança baseados em uma análise de probabilidades.

São inúmeras as possibilidades de exploração do xadrez como conteúdo nas aulas de Educação Física e compete ao professor desse componente curricular planejar e aplicar suas aulas de modo a potencializar as qualidades pedagógicas, cognitivas e sociais do jogo, já tão amplamente discutidas ao longo deste livro.

As aulas de Educação Física que trabalham com o xadrez podem ainda possibilitar a descoberta de futuros talentos, ou seja, capacitar e encaminhar jovens enxadristas para competições escolares e oficiais.

6.3 Organização de torneios de xadrez na escola

Já vimos os benefícios resultantes da utilização do xadrez como conteúdo na Educação Física escolar ou como atividade de contraturno. Depois de trabalhar os conceitos, a técnica e a tática do jogo de xadrez, o professor pode começar a considerar a possibilidade de organizar minitorneios e até torneios um pouco maiores dentro da escola.

O torneio de xadrez deve ser considerado uma ferramenta motivadora e muito valiosa, pois, por meio dele, o professor pode acompanhar o desenvolvimento e o nível de assimilação dos conteúdos do jogo explorados em aula pelos alunos, além de estimular ainda mais a prática do jogo.

É possível organizar torneios bem pequenos e rápidos, dependendo do sistema de emparceiramento e do tempo das partidas, para serem iniciados e terminados em uma mesma aula apenas com os alunos da turma. Também pode haver torneios maiores, em um dia inteiro ou até mais de um dia, envolvendo toda a escola.

De acordo com o Centro de Excelência de Xadrez (CEX, 2022), há muitos sistemas de emparceiramento que podem ser empregados na organização de torneios de xadrez. Apresentaremos três deles, os mais utilizados, e depois daremos um enfoque maior ao sistema suíço, o mais aplicado em torneios em todo o mundo:

- **Sistema eliminatório** – Esse sistema pode ser utilizado em competições que têm muitos jogadores e que devem ser realizadas em um curto período, como uma única aula, por exemplo. Tem como ponto positivo a característica de ser facilmente gerenciável e como ponto negativo o fato de que, perdendo uma partida, o jogador estará eliminado e poderá ficar ocioso até o final da aula.
- **Sistema Schuring** – Esse sistema é conhecido como *todos jogam contra todos*. Oferece, entre todos os sistemas, o

resultado mais confiável, pois evidencia de fato quem é o melhor no torneio, já que todos se enfrentam, ainda mais se for adotado o modo de rodadas duplas, no qual cada jogador tem a chance de jogar de peças brancas e pretas com o mesmo adversário. Antes do início da competição, cada jogador recebe um número, o qual determina o emparceiramento (adversário) e a cor de cada rodada, usando-se a tabela de emparceiramento.

- **Sistema suíço** – Esse sistema possibilita organizar uma competição com muitos participantes em um período relativamente pequeno, dependendo do tempo de cada partida, e sem o inconveniente de eliminar jogadores, pois todos jogam o mesmo número de partidas, independentemente de vencer, perder ou empatar. O objetivo básico do sistema é apontar um campeão no menor número de rodadas possível. É sistema o mais utilizado em torneios oficiais em todo o mundo.

6.3.1 Sistema suíço de emparceiramento

Imagine você se preparar durante vários meses para um torneio de xadrez, comprar passagem e reservar hotel – para um torneio em outra cidade – e, ao chegar ao local, jogar apenas uma partida e ser eliminado. Muito frustrante, não é? Os custos e o formato de eliminatória afastariam muitos jogadores, e o número de participantes seria bem menor. Como afirma Cruz (2021), "felizmente, em 15 de junho de 1895, o Dr. Julius Muller inventou o 'Sistema Suíço', uma fórmula de emparceiramentos muito interessante".

Muller testou seu sistema em algumas competições antes de anunciá-lo oficialmente no mundo enxadrístico, sendo uma delas o I Torneio Suíço de Xadrez, realizado nos dias 1º e 2 de junho de 1889, com a participação de 74 jogadores. Depois, ao longo dos anos, foi aperfeiçoando o sistema até seu lançamento oficial, em 1895 (Cruz, 2021).

Como vimos no primeiro capítulo deste livro, no final do século XIX, o xadrez ganhou popularidade e muitos adeptos ao redor do mundo e, com isso, o número de torneios disparou. Assim, o sistema suíço surgiu para dar a todos a oportunidade de jogar torneios com um número e horário fixos de rodadas.

A seguir, vejamos as principais características do sistema suíço de emparceiramento.

Sistema suíço de emparceiramento

- Não há eliminação, todos os jogadores disputam o mesmo número de partidas.
- A lista inicial dos jogadores do torneio é ordenada por força do jogador (*rating*).
- Na primeira rodada, todos os jogadores têm igual pontuação (zero) e jogam juntos em um único grupo.
- Na segunda rodada, os jogadores são divididos em três grupos: 1) quem venceu; 2) quem empatou; e 3) e quem perdeu. Os jogadores são emparceirados, dentro de cada grupo.
- A cor também é respeitada no emparceiramento. Um jogador não pode jogar todas as rodadas de brancas ou de pretas. No sistema suíço, há uma alternância de cores a cada rodada.
- O número de rodadas a serem disputadas é determinado pelo número total de participantes inscritos. Normalmente, os torneios são disputados em um número ímpar de rodadas: 5, 7, 9 ou 11 rodadas.
- Vence o enxadrista que, ao final de todas as rodadas, somar o maior número de pontos (1 ponto para vitória; 0,5 ponto para empate; e 0 ponto para derrota).
- Para os jogadores empatados com o mesmo número de pontos, são utilizados critérios de desempate determinados pela organização do torneio em regulamento.

6.3.2 Swiss Perfect

Para a organização de torneios, desde os pequenos até eventos maiores, indicamos a utilização do *software* Swiss Perfect 98. O *download* pode ser feito pelo *site* Canal Xadrez (2022) e é possível usá-lo de forma experimental por 30 dias. Após esse período, caso seja de interesse do professor, da escola ou da instituição, é necessário adquirir uma licença para a utilização permanente.

A interface do programa é bem simples e há vários tutoriais e manuais em *sites* especializados de xadrez para consulta. Na sequência, apresentamos algumas dicas e telas do programa.

Ao abrir o *software* pela primeira vez, é solicitada a licença para utilização. Caso queira usá-lo de forma experimental por 30 dias (antes de adquirir a licença), o usuário deve digitar a expressão *Evaluation Only* no campo *Registration name*, conforme mostra a Figura 6.1.

Figura 6.1 Tela de *login* do Swiss Perfect 98

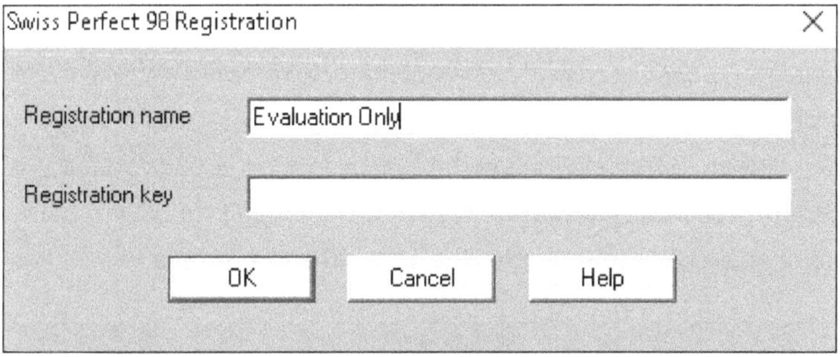

Após o *login*, o usuário tem acesso à tela inicial do programa. Para dar início a um torneio, o usuário deve clicar no ícone *Novo* – primeira figura do menu superior –, escolher uma pasta para salvar o torneio em seu computador e digitar o nome do torneio que está organizando. A partir daí, é possível começar a configurar os itens do torneio, como sistema de emparceiramento, número de rodadas e critérios de desempate, navegando pelas abas da janela, conforme mostra a Figura 6.2.

Figura 6.2 Tela de configuração do torneio do Swiss Perfect 98

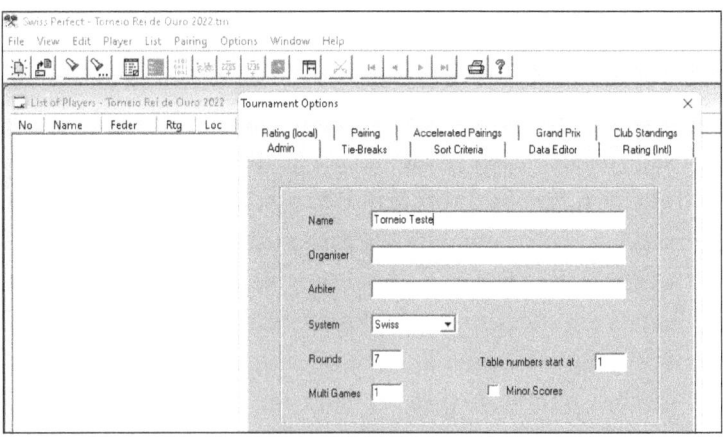

Depois de configurar o torneio, será aberta a tela de cadastro dos jogadores. Cada jogador terá uma ficha (tela) que deve ser preenchida com suas informações. O organizador deve inserir um a um todos os participantes de seu torneio. Com todos os participantes inseridos, o organizador sorteia com o jogador ranqueado número 1 a cor com a qual este vai iniciar a primeira rodada, configura o resultado do sorteio no *software* e emparceira a primeira rodada.

Assim, o torneio está pronto para iniciar. A cada rodada, o organizador deve lançar os resultados das partidas e gerar um novo emparceiramento até finalizar a última rodada.

Indicação cultural

Conforme comentado anteriormente, neste livro demos apenas dicas gerais sobre o *software*. Para mais detalhes, consulte o manual indicado a seguir.

SANTOS, J. A. Manual Swiss Perfect 98. **Bitstream**, v. 3, n. 1, dez. 2007. Disponível em: <https://repositorio.ul.pt/bitstream/10451/3526/1/ulfc055519_manual_swiss_perfect.pdf>. Acesso em: 20 out. 2022.

6.4 O uso do relógio de xadrez

Podemos jogar xadrez pelo simples prazer, sem nos preocuparmos com o tempo que uma partida vai durar. Antigamente se jogava, inclusive, xadrez por cartas, modo no qual um jogador efetuava um lance em seu tabuleiro, escrevia esse lance em um papel e o enviava por correio para outro jogador. O outro jogador, por sua vez, recebia a carta, reproduzia o lance em seu próprio tabuleiro e realizava um lance em resposta, anotando-o em um papel e enviando-o de volta em carta. E, assim, uma partida poderia durar meses.

No entanto, quando falamos em xadrez competição, há um cronograma para a realização das rodadas, e os jogadores precisam se programar quanto às viagens e à hospedagem para a disputa do campeonato. Dessa forma, é necessário determinar um tempo para cada partida e utilizar um relógio de xadrez para controlá-lo.

O tempo de cada rodada é determinado em regulamento e há torneios com tempos distintos. Segundo a Federação Internacional de Xadrez (FIDE, 2008), os torneios são classificados, de acordo com o tempo da partida, em:

- **xadrez relâmpago** – partidas acima de 3 minutos e abaixo de 10 minutos para cada jogador;
- **xadrez rápido (*blitz*)** – partidas acima de 10 minutos e abaixo de 60 minutos para cada jogador;
- **xadrez clássico** – partidas acima de 60 minutos para cada jogador.

6.4.1 Regras para utilização do relógio

Antes de conhecer as regras de utilização, é preciso saber o que é e como funciona um relógio de xadrez. Você já viu um relógio desse tipo?

O relógio de xadrez nada mais é do que um relógio com dois mostradores de tempo conectados entre si, de modo que apenas um deles funciona de cada vez, ou seja, enquanto um jogador está pensando em seu lance, seu tempo está correndo e o tempo do oponente está parado. Assim que realiza o lance, o jogador aciona (bate) o relógio e, a partir desse momento, seu tempo fica parado, enquanto o tempo do oponente começa a correr na sua vez de jogar. Cada mostrador do relógio tem uma seta, nos relógios analógicos, ou um cronômetro, nos relógios digitais.

As Figuras 6.3 e 6.4 mostram, respectivamente, um modelo de relógio analógico e um modelo de relógio digital.

Figura 6.3 Relógio analógico de xadrez

Figura 6.4 Relógio digital de xadrez

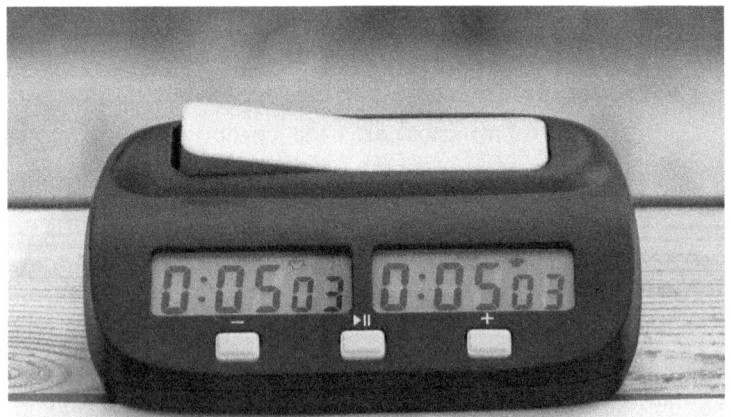

O relógio de xadrez é utilizado em todos os torneios oficiais e existem algumas regras para sua utilização. A seguir, apresentamos as principais, de acordo com a regulamentação da FIDE (2008):

1. O jogador deve acionar o relógio sempre com a mesma mão que executou seu lance. É proibido para um jogador manter o dedo ou a mão no relógio ou pairando sobre ele.
2. O relógio de xadrez deve ser manuseado adequadamente pelos jogadores. É proibido acioná-lo com violência ou antes de completar o lance, levantá-lo ou derrubá-lo. Tais atitudes devem ser penalizadas.
3. Somente é permitido o ajuste de peças que estejam mal posicionadas no tabuleiro em suas devidas casas ao jogador cujo relógio estiver em funcionamento.
4. Cada jogador deve completar um número mínimo de lances ou todos os lances num determinado tempo, estabelecido pelo regulamento do torneio em disputa.
5. Antes do início da partida, o árbitro decide de qual lado do tabuleiro o relógio de xadrez será colocado.
6. Na hora determinada para o início da rodada, deve ser iniciado o relógio das peças brancas.
7. Uma seta é considerada caída (no relógio analógico) ou um cronômetro é considerado zerado quando o árbitro observar o fato ou quando um dos jogadores acusar o término do tempo.
8. Perderá a partida o jogador que não completar, em seu tempo, o número mínimo de lances estabelecido.
9. No entanto, uma partida será declarada empatada quando o jogador alcançar uma posição em que o oponente não pode dar xeque-mate no rei do jogador por qualquer série possível de lances legais, independentemente da queda da seta ou do zeramento do cronômetro.

O tempo acaba sendo decisivo em muitas partidas, por isso é importante para o jogador aprender a administrar seu tempo para não ficar no apuro (minutos finais) em um momento complicado da posição que requer uma análise e um cálculo mais detalhados.

Essa capacidade de administração do tempo vai sendo adquirida com a experiência de disputar torneios. Assim, cada jogador determina sua estratégia de jogo, procurando acelerar os lances de abertura, por exemplo, quando há uma linha mais ou menos definida a seguir, para ficar com uma vantagem de tempo no meio-jogo e no final, que exigem avaliações de posição mais profundas e demoradas.

6.5 Jogos pré-desportivos no xadrez

O jogo de xadrez oferece inúmeras possibilidades e, por isso, o trabalho com esse esporte na escola é extremamente rico. Depois de ensinar as técnicas e táticas do jogo, é possível aplicar uma série de atividades pré-desportivas e recreativas utilizando as regras e peças do xadrez. Nesta seção, apresentaremos algumas atividades que podem ser usadas na escola, no clube ou em qualquer outro local para trabalhar com o xadrez com crianças, adolescentes, adultos e idosos.

Cabe ressaltar que todos os jogos pré-desportivos e recreativos contribuem para aprimorar a capacidade de análise tática do xadrez e melhorar o nível técnico dos jogadores.

6.5.1 Jogo do come-come

Já imaginou jogar xadrez com o objetivo do avesso? Não entendeu nada? Então conheça o divertido jogo do come-come.

Você já sabe que o objetivo do jogo de xadrez é aplicar xeque-mate no rei adversário e que, para isso, é importante conseguir vantagem material capturando as peças do oponente.

No jogo do come-come, ocorre justamente o contrário disso. Vence a partida quem "entregar" todas as suas peças primeiro, incluindo o próprio rei. Aqui o planejamento implica avaliar como obrigar o adversário a capturar suas peças – já que cada vez que você posiciona uma peça em uma casa atacada o oponente é obrigado a efetuar a captura – e como evitar ao máximo atacar ou capturar as peças do adversário.

O jogo é muito dinâmico e divertido. Sucesso garantido nas aulas de xadrez!

Não entendeu ainda? Veja um exemplo na Figura 6.5. As peças brancas acabaram de jogar o bispo na casa "a6", dando-o "de presente" para as pretas, que, na próxima jogada, devem obrigatoriamente capturá-lo, utilizando o peão de "b7" ou o cavalo de "b8".

Figura 6.5 Jogo do come-come

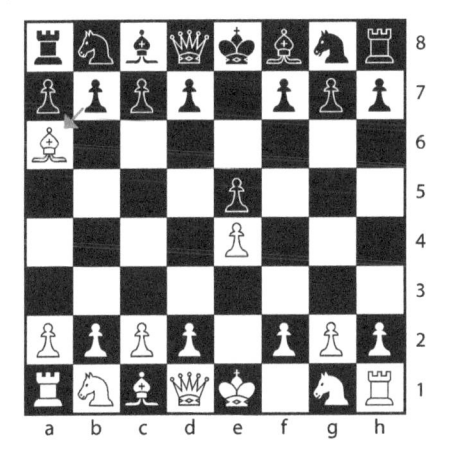

Agora as peças brancas já estão em vantagem, pois têm um bispo a menos. O jogo segue até que um dos dois jogadores fique sem nenhuma peça sobre o tabuleiro ou com apenas um ou dois peões imóveis e vença a partida.

6.5.2 Xadrez australiano

Outro jogo recreativo de xadrez superdivertido é o xadrez australiano. Nessa modalidade, os jogadores formam duplas para as partidas.

Cada jogador de uma dupla enfrenta um jogador da outra dupla em um tabuleiro. Os dois tabuleiros são posicionados lado a lado, e cada jogador da dupla deve iniciar a partida com uma cor de peças: um joga com as brancas e o outro joga com as pretas. Um jogador não pode dar palpite na partida de sua dupla.

Todas as peças que um jogador da dupla capturar de seu adversário devem ser passadas para a sua dupla. As peças recebidas podem ser posicionadas no jogo observando-se as seguintes regras:

1. Só é permitido ao jogador inserir uma peça recebida de sua própria dupla no jogo na sua vez de jogar.
2. A cada jogada, é permitido inserir apenas **uma** peça no tabuleiro.
3. A inserção da peça conta como um lance, ou seja, o jogador coloca a peça no tabuleiro e passa a vez da jogada para o adversário.
4. A peça somente pode ser inserida em uma casa livre do tabuleiro.
5. Não é permitido inserir uma peça atacando o rei.
6. Peões somente podem ser inseridos pelas peças brancas nas fileiras 2, 3 e 4 e pelas pretas nas fileiras 7, 6 e 5.

Figura 6.6 Configuração dos peões

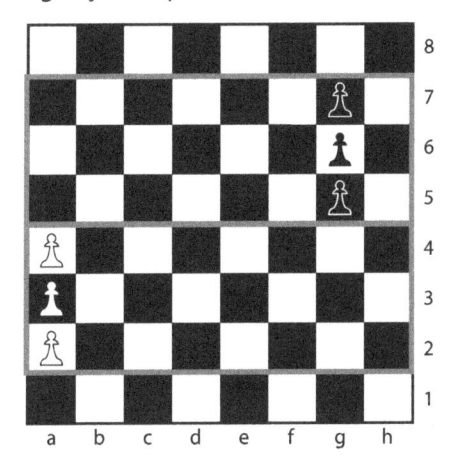

7. Cada jogador tem autonomia para decidir quando utilizar as peças recebidas de sua própria dupla.
8. A partida terminará quando um dos dois jogadores da dupla aplicar um xeque-mate que não possa ser bloqueado por uma peça recebida ou quando o jogador que recebeu o xeque-mate não tiver no momento nenhuma peça para utilizar em sua defesa.

Observe, na Figura 6.7, como as peças são arrumadas para o início da disputa de partidas na modalidade xadrez australiano.

Figura 6.7 Posição inicial do xadrez australiano

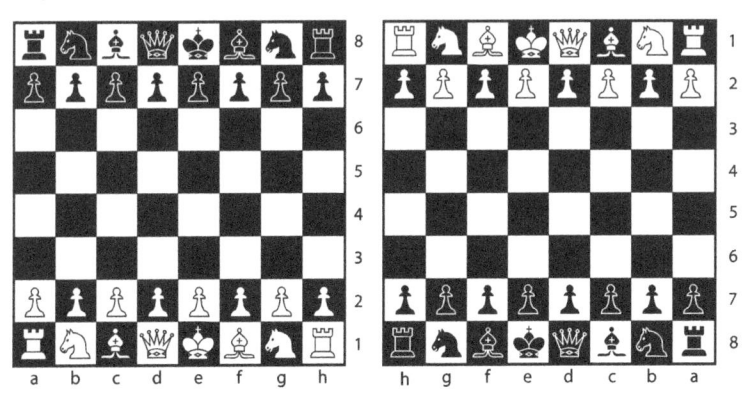

6.5.3 Xadrez ao contrário

Que tal uma nova forma de ver o jogo? Uma perspectiva diferente?

É isso o que propõe o xadrez ao contrário. As regras de jogo são as mesmas do xadrez tradicional, com a diferença de que o jogador que jogará com as peças brancas se senta no lado em que estão posicionadas as peças pretas e o jogador que jogará com as pretas se senta no lado em que estão posicionadas as peças brancas.

Parece fácil, não é? Mas essa modalidade requer prática, pois planejar a estratégia e realizar os melhores lances vendo tudo pelo lado contrário exige perspicácia e conhecimento do jogo.

Essa é mais uma proposta diferente que, como bônus, melhora o nível técnico dos praticantes de uma maneira divertida e fora do padrão.

6.5.4 Xadrez às cegas e simultânea

Agora, vamos considerar duas modalidades para jogadores mais avançados.

No xadrez às cegas, o jogador exercita toda a sua habilidade enxadrística e sua memória. Utilizando vendas nos olhos ou sentado de costas para o tabuleiro, cada jogador deve falar seu lance em voz alta (utilizando a notação algébrica), e um terceiro mediador reproduz esse lance no tabuleiro para que os espectadores possam acompanhar a partida. Toda a partida se desenvolve na cabeça dos jogadores, que devem ir memorizando a posição pelos lances falados para realizar seus próprios lances em busca do xeque-mate.

A simultânea normalmente é utilizada em exibições, quando um jogador mais forte (Mestre ou Grande Mestre) enfrenta vários jogadores de menor nível técnico distribuídos em mesas dispostas em círculo. O jogador da simultânea vai de tabuleiro em tabuleiro realizando um lance a cada rodada, até que todas as partidas terminem.

Apesar de ser utilizada mais como exibição, é uma modalidade interessante para aplicar em aulas e treinamentos para que os jogadores ou alunos tenham a possibilidade de treinar a capacidade de analisar várias partidas diferentes ao mesmo tempo.

6.5.5 Queimada xadrez

Para finalizar, vejamos uma atividade bem prática e com grande aceitação entre as crianças para ser aplicada nas aulas de Educação Física: a queimada xadrez. Isso mesmo, o tradicional jogo de queimada, também conhecido como *caçador* ou *mata-soldado*, mas com regras do xadrez adaptadas.

Divide-se a turma em duas equipes, de preferência com o mesmo número de jogadores. Entrega-se uma ficha para cada equipe, conforme mostra o Quadro 6.2.

Quadro 6.2 Ficha para a queimada xadrez

Peça	Estudante
Rei	
Dama	
Torre	
Bispo	
Cavalo	

As equipes se reúnem e preenchem a ficha, escolhendo uma pessoa para representar cada uma das peças. Os demais jogadores serão peões. Isso deve ser feito em sigilo, pois cada equipe não pode saber quem é quem na outra equipe.

Vence a queimada xadrez quem "queimar/matar" o rei adversário primeiro. A seguir, apresentamos as funções que cada peça/jogador desempenha ao ser "queimado":

- Rei – vale a vitória.
- Dama – todas as peças adversárias queimadas voltam para a quadra de jogo.

- Bispo – revela à equipe adversária quem é o seu rei.
- Cavalo – revela à equipe adversária quem é a sua dama.
- Torre – quando queimada, deve levar consigo dois outros jogadores.

A queimada xadrez possibilita aos jogadores traçar uma série de planos e estratégias para vencer, o que se assemelha muito ao planejamento para o jogo de xadrez no tabuleiro. O interessante é realizar várias rodadas, para que todos possam vivenciar os papéis das diferentes peças do jogo. O professor pode dar algumas dicas de estratégias ou deixar as equipes livres para que descubram sozinhas o melhor plano para vencerem.

Os peões devem proteger o rei, mas sem revelar para a equipe adversária quem é o seu rei, para que ele não vire alvo de perseguição. Além disso, os alunos/jogadores devem eleger o grau de importância de cada peça e, quando não houver mais peões ou houver poucos peões na quadra, traçar o melhor plano para sempre proteger o rei.

Todas essas possibilidades geram partidas muito dinâmicas e estratégicas, que aliam a atividade física ao raciocínio lógico do xadrez. Boa diversão!

Síntese

Neste capítulo, abordamos a aplicação do xadrez no contexto escolar e os benefícios dessa prática para a aprendizagem dos praticantes.

Primeiramente, destacamos as possibilidades do xadrez como ferramenta pedagógica na escola, capaz de contribuir para o desenvolvimento de habilidades cognitivas, como a memória e o raciocínio lógico, por meio de projetos interdisciplinares.

Em seguida, analisamos as possibilidades do xadrez como tema das aulas de Educação Física, no âmbito do conteúdo de jogos previsto nos PCN de Educação Física.

Os torneios de xadrez são um excelente recurso pedagógico e de estímulo à aplicação desse jogo na escola. Apresentamos uma série de dicas e ferramentas práticas para a organização e a exploração de torneios no contexto escolar. Na sequência, abordamos o uso do relógio de xadrez, suas regras e particularidades, bem como as modalidades dinâmicas do jogo com tempos mais reduzidos de partida.

Por fim, sugerimos diversos jogos pré-desportivos e recreativos envolvendo regras, técnicas e táticas do xadrez, para tornar ainda mais atrativo e divertido o ensino e a aprendizagem do jogo de xadrez, seja para crianças e adolescentes, seja para adultos e idosos.

Certamente você chega ao final deste livro apto a iniciar sua jornada por este universo encantador e cheio de possibilidades que é o jogo de xadrez.

Atividades de autoavaliação

1. Em diversos países, o xadrez já é uma ferramenta muito utilizada no currículo escolar, sob a forma de projetos ou de disciplina extracurricular. Assinale a alternativa que indica a norma que prevê o conteúdo de jogos, entre eles o xadrez, nas aulas de Educação Física escolar:
   a) Constituição Federal.
   b) Código Civil.
   c) Base Nacional Comum Curricular.
   d) Parâmetros Curriculares Nacionais.
   e) Projeto Político Pedagógico.

2. Há muitos sistemas de emparceiramento que podem ser utilizados na organização de torneios de xadrez. Assinale a alternativa que apresenta o sistema de emparceiramento mais empregado na organização de torneios em todo o mundo:

   a) Sistema de eliminatória.
   b) Sistema suíço.
   c) Sistema francês.
   d) Sistema Schuring.
   e) Sistema de rodízio.

3. Sobre as características do sistema suíço, assinale V para as assertivas verdadeiras e F para as falsas:

   ( ) O jogador é eliminado do torneio quando perde a partida.
   ( ) Após a primeira rodada, os jogadores são divididos e emparceirados por grupo de pontuação.
   ( ) Vence o torneio o enxadrista que somar mais pontos ao final da última rodada.

   Agora, marque a alternativa que apresenta a sequência correta:

   a) V, V, F.
   b) V, F, F.
   c) V, F, V.
   d) F, V, V.
   e) F, F, V.

4. Nos torneios, o tempo de cada rodada é determinado em regulamento e há torneios com tempos distintos. Relacione cada tipo de torneio com os respectivos tempos de partida:

   I. Xadrez relâmpago
   II. Xadrez *blitz*
   III. Xadrez clássico

   ( ) Partidas acima de 3 minutos e abaixo de 10 minutos para cada jogador.
   ( ) Partidas acima de 10 minutos e abaixo de 60 minutos para cada jogador.
   ( ) Partidas acima de 60 minutos para cada jogador.

Agora, assinale a alternativa que apresenta a sequência correta:

a) I – II – III.
b) I – III – II.
c) II – I – III.
d) II – III – I.
e) III – I – II.

5. O relógio de xadrez é utilizado em todos os torneios oficiais e existem algumas regras para sua utilização. Assinale a alternativa que apresenta corretamente uma regra de utilização do relógio de xadrez:

a) É permitido para um jogador manter o dedo ou a mão no relógio durante a partida.
b) O jogador deve acionar o relógio sempre com a mesma mão que executou seu lance. É permitido o ajuste de peças que estejam mal posicionadas no tabuleiro durante o tempo do adversário.
c) O jogador de peças brancas sempre escolhe o lado de posicionamento do relógio.
d) Bater com violência e derrubar o relógio durante a partida não são atitudes passíveis de penalidade.

Atividades de aprendizagem

Questões para reflexão

1. Na Seção 6.5, apresentamos várias possibilidades de jogos pré-desportivos para serem utilizados nas aulas de xadrez. Faça uma breve análise da importância do uso desses jogos no processo de ensino-aprendizagem do xadrez na escola ou em clubes.

2. Há muitos sistemas de emparceiramento que podem ser utilizados na organização de torneios de xadrez. Com base nas características de cada um dos três sistemas de emparceiramento apresentados neste capítulo, elabore um quadro com uma vantagem de cada um e uma situação na qual você os aplicaria.

Atividade aplicada: prática

1. A queimada xadrez possibilita aos jogadores traçar uma série de planos e estratégias para vencer, o que se assemelha muito ao planejamento para o jogo de xadrez no tabuleiro. Estabeleça uma parceria com uma escola de sua cidade e, sob a supervisão do professor de Educação Física e com o auxílio dele, aplique a queimada xadrez em turmas de ensino fundamental durante as aulas de Educação Física.

Considerações finais

Este livro abordou os aspectos fundamentais para o ensino e a prática do xadrez, assim como apresentou estratégias de ensino para quem aspira utilizá-lo como ferramenta pedagógica, no trabalho com os estudantes nas escolas.

Você, leitor, verificou a facilidade para a aprendizagem dos fundamentos, porém, caso pretenda evoluir no xadrez e colher os benefícios provenientes da prática, é importante dedicar tempo e horas de estudo com foco na análise.

É justamente estudando o xadrez que reconhecemos a complexidade e a beleza dos lances, ao destruírem o equilíbrio das posições e transformarem prováveis derrotas em incríveis vitórias. Também podemos extrair exemplos e atitudes para a vida, mantendo a mente em exercício nas partidas que jogamos. Cada peça do xadrez tem um valor relativo, porém o importante é saber a função de cada peça no tabuleiro. Não importa a peça, mas o que ela representa; assim, seu valor poderá ser maior ou menor.

Esperamos que este livro tenha despertado seu interesse pelo jogo e lhe traga a compreensão dos benefícios da utilização do xadrez para a educação.

Encerramos nossas considerações com o desejo de que você tenha boas partidas, pois as pequenas derrotas são esquecidas com uma grande vitória.

Referências

44TH FIDE CHESS Olympiad2022. **Open Standings**: Chess Olympiad. 2022a. Disponível em: <https://chennai2022.fide.com/open-standings>. Acesso em: 18 dez. 2022.

44TH FIDE CHESS Olympiad2022. **Women Standings**: Women's Chess Olympiad. 2022b. Disponível em: <https://chennai2022.fide.com/women-standing>. Acesso em: 18 dez. 2022.

BECKER, I. **Manual de xadrez**. São Paulo: Nobel, 1990.

BINET, A. **Psychologie des grands calculateurs et Joueurs d'échecs**. Paris: Hachette, 1894.

BLANCO, U. **Arbitraje del ajedrez para docentes**. Caracas: Uvencio Blanco, 1999.

BLANCO, U. **Por que o xadrez nas escolas?** 2. ed. Curitiba: Scherer, 2012.

BLOKH, M. **The Art of Combination**. [S.l.]: Intl Chess Enterprises, 1994.

BONDAREWSKY, I. **Tatica del medio juego**. Barcelona: Martinez Roca, 1972.

BRASIL. Decreto-Lei n. 3.199, de 14 de abril de 1941. **Diário Oficial da União**, Poder Executivo, Rio de Janeiro, 16 abr. 1941. Disponível em: <https://www2.camara.leg.br/legin/fed/declei/1940-1949/decreto-lei-3199-14-abril-1941-413238-publicacaooriginal-1-pe.html>. Acesso em: 30 nov. 2022.

BRASIL. Lei n. 9.394, de 20 de dezembro de 1996. **Diário Oficial da União**, Poder Legislativo, Brasília, DF, 23 dez. 1996. Disponível em: <https://www.planalto.gov.br/ccivil_03/leis/l9394.htm>. Acesso em: 30 nov. 2022.

BRASIL. Ministério da Educação. Secretaria de Educação Fundamental. **Parâmetros Curriculares Nacionais**: Educação Física. Brasília, 1997. Disponível em: <http://portal.mec.gov.br/seb/arquivos/pdf/livro07.pdf>. Acesso em: 30 nov. 2022.

CANAL XADREZ. **Swiss Perfect 98**. Disponível em: <http://xadrez.altervista.org/xadrez/torneiosprog.htm>. Acesso em: 19 dez. 2022.

CARNEIRO, C. F.; ANDRADE, L. P. Relato de experiência: estimulação cognitiva de idosos com o jogo de xadrez. **Revista Mundi: Engenharia, Tecnologia e Gestão**, Paranaguá, v. 6, n. 1, 2021. Disponível em: <https://periodicos.ifpr.edu.br/index.php?journal=MundiETG&page=article&op=view&path%5B%5D=1491>. Acesso em: 30 nov. 2022.

CARVALHO, H. **Tabuleiro da vida**: o xadrez na história. São Paulo: Senac, 2019.

CBX – Confederação Brasileira de Xadrez. **Diretoria**. Disponível em: <http://www.cbx.org.br/diretoria>. Acesso em: 4 jan. 2023.

CBX – Confederação Brasileira de Xadrez. Disponível em: <http://www.cbx.org.br/home>. Acesso em: 6 mar. 2022.

CEX – Centro de Excelência de Xadrez. **Torneios**. Disponível em: <http://www.cex.org.br/html/apresenta_template.php?template=atividades_torneios.tpl>. Acesso em: 18 dez. 2022.

CHASE, W. G.; SIMON, H. A. Perception in Chess. **Cognitive Psychology**, v. 4, n. 1, p. 55-81, 1973.

CHESS.COM. **Termos de xadrez**: Federação Internacional de Xadrez (FIDE). Disponível em: <https://www.chess.com/pt-BR/terms/fide-xadrez>. Acesso em: 4 jan. 2023.

CHESS.COM. **Termos de xadrez**: sistema de rating Elo. Disponível em: <https://www.chess.com/pt-BR/terms/sistema-rating-elo-xadrez>. Acesso em: 18 dez. 2022.

CHESSBASE. **Database**. Disponível em: <https://database.chessbase.com>. Acesso em: 2 jun. 2022.

CHRISTOFOLETTI, D. F. A. **O xadrez nos contextos do lazer, da escola e profissional**: aspectos psicológicos e didáticos. 150 f. Dissertação (Mestrado em Ciências da Motricidade) – Universidade Estadual Paulista, 2007. Disponível em: <http://hdl.handle.net/11449/96045>. Acesso em: 16 out. 2022.

CLARKE, P. H. **Cien miniaturas rusas**. Barcelona: Buguera, 1977.

CRISTO, F.; GÜNTHER, H. Como medir o hábito? Evidências de validade de um índice de autorrelato. **Psicologia: Teoria e Pesquisa**, v. 32, n. 2, p. 1-9, abr./jun. 2016.

CRUZ, W. F. Sistema suíço de emparceiramento completa 125 anos de sucesso. **Rafael Leitão.com**, 2021. Disponível em: <https://rafaelleitao.com/sistema-suico-emparceiramento>. Acesso em: 18 dez. 2022.

D'LUCIA, R. S. et al. O ensino de xadrez como ferramenta no processo de aprendizado infantil. **Revista Ciência em Extensão**, v. 3, n. 2, p. 95-104, 2007. Disponível em: <http://hdl.handle.net/11449/143391>. Acesso em: 16 out. 2022.

DE GROOT, A. **Thought and Choice in Chess**. 2. ed. Hague: Mouton Publishers, 1978.

DOGGERS, P. Grandmaster Vs. Cosmonauts, 50 Years Later. **Chess.com**, 9 jun. 2020. Disponível em: <www.chess.com/news/view/grandmaster-vs-cosmonauts-chess-karjakin>. Acesso em: 12 maio 2022.

DUAN, X. et al. Reduced Caudate Volume and Enhanced Striatal-DMN Integration in Chess Experts. **NeuroImage**, v. 60, n. 2, p. 1280-1286, 2012. Disponível em: <https://www.scholarmate.com/F/3906752fb16588803a013e9ab9d02ac6>. Acesso em: 30 nov. 2022.

FIDE – Internacional Chess Federation. **Laws of Chess**: for Competitions Starting before 1 July 2014. Desdren, DE, nov. 2008. Disponível em: <https://handbook.fide.com/chapter/E01pre2014>. Acesso em: 20 out. 2022.

FIDE – Internacional Chess Federation. **Profile Info**: Hou, Yifan. Disponível em: <https://ratings.fide.com/profile/8602980>. Acesso em: 4 jan. 2023a.

FIDE – Internacional Chess Federation. **Profile Info**: Leitão, Rafael. Disponível em: <https://ratings.fide.com/profile/2101246>. Acesso em: 4 jan. 2023b.

FIDE – Internacional Chess Federation. **Profile Info**: Magnus, Carlsen. Disponível em: <https://ratings.fide.com/profile/1503014>. Acesso em: 4 jan. 2023c.

FIDE – Internacional Chess Federation. **Top Chess Federations Open**. Disponível em: <https://ratings.fide.com/top_federations.phtml>. Acesso em: 6 mar. 2022.

HELLSTEN, J. **Estrategia en el medio juego I**. Madrid: Editorial La Casa del Ajedrez, 2014.

JOGO. In: **Michaelis On-line**. Disponível em: <https://michaelis.uol.com.br/moderno-portugues/busca/portugues-brasileiro/jogo>. Acesso em: 30 nov. 2022.

LASKER, E. **História do xadrez**. 2 ed. ed. São Paulo: Ibrasa, 1999.

LASKER, E. **Manual de ajedrez**. Madrid: Jaque, 1991.

MILLER, G. The Magical Number Seven, Plus or Minus Two: Some Limits on our Capacity for Processing Information. **The Psychological Review**, v. 63, n. 2, p. 81-97, 1956. Disponível em: <https://pure.mpg.de/rest/items/item_2364276_4/component/file_2364275/content>. Acesso em: 30 nov. 2022.

NAÇÕES UNIDAS. No Dia Mundial do Xadrez, ONU celebra o aumento do interesse pelo jogo. **Onu News**, 20 jul. 2021. Disponível em: <https://news.un.org/pt/story/2021/07/1757262>. Acesso em: 4 jan. 2023.

O QUE SÃO e como funcionam as castas na Índia. **BBC News Brasil**, 26 dez. 2020. Disponível em: <https://www.bbc.com/portuguese/internacional-55452675>. Acesso em: 20 jul. 2022.

OLIVEIRA, T. J. O xadrez como alternativa pedagógica no âmbito escolar. **Revista Educação Pública**, v. 19, n. 20, 10 set. 2019. Disponível em: <https://educacaopublica.cecierj.edu.br/artigos/19/20/o-xadrez-como-alternativa-pedagogica-no-ambito-escolar>. Acesso em: 20 out. 2022.

PACHMAN, L. **Estratégia moderna do xadrez**. São Paulo: Best Seller, 1967.

PHILIDOR, F. A. D. **Analyse du jeu des échecs**. 9. ed. Londres: [s.n.], 1777.

PRADO, F. O.; SILVA FILHO, F. C. M.; ABRAHÃO, I. F. Xadrez como ferramenta pedagógica e social. **Cadernos de Extensão do Instituto Federal Fluminense**, Campos dos Goytacazes, v. 2, p. 143-153, 2016. Disponível em: <https://essentiaeditora.iff.edu.br/index.php/cadernos_de_extensao/article/download/7643/5270>. Acesso em: 30 nov. 2022.

SANTOS, J. A. Manual Swiss Perfect 98. **Bitstream**, v. 3, n. 1, dez. 2007. Disponível em: <https://repositorio.ul.pt/bitstream/10451/3526/1/ulfc055519_manual_swiss_perfect.pdf>. Acesso em: 20 out. 2022.

SILVA, N. C.; PÁDUA, P. H. O. **O jogo de xadrez como instrumento pedagógico nas aulas de educação física escolar**. 32 f. Monografia (Licenciatura em Educação Física) – Faculdade Calafiori, São Sebastião do Paraíso, 2014. Disponível em: <http://calafiori.edu.br/wp-content/uploads/2019/09/O-JOGO-DE-XADREZ-COMO-INSTRUMENTO-PEDAG%C3%93GICO-NAS-AULAS-DE-EDUCA%C3%87%C3%83O-F%C3%8DSICA-ESCOLAR.pdf>. Acesso em: 30 dez. 2022.

SILVA, P. Campeonato brasileiro de xadrez: a história. **Xadrez Forte**, 11 nov. 2021. Disponível em: <https://www.xadrezforte.com.br/campeonato-brasileiro-de-xadrez-a-historia/#.Y7XRnuzMLs0>. Acesso em: 4 jan. 2023.

SILVA, W. D. (Org.). **Xadrez e educação**: contribuições da ciência para o uso do jogo como instrumento pedagógico. Curitiba: Ed. da UFPR, 2012. Disponível em: <http://www.wilsondasilva.com.br/producao_wilson/livro_ufpr_revisao_13_6_2012.pdf>. Acesso em: 30 nov. 2022.

SILVA, W. **Processos cognitivos no jogo de xadrez**. 184 f. Dissertação (Mestrado em Educação) – Universidade Federal do Paraná, Curitiba, 2004. Disponível em: <https://acervodigital.ufpr.br/bitstream/handle/1884/2335/processos_cognitivos_no_xadrez.pdf?sequence=1&isAllowed=y>. Acesso em: 30 nov. 2022.

SOUZA, F. L.; RIBEIRO, R. L. S. **Xadrez para crianças**. Blumenau: Todo Livro, 2014.

TIRADO, A. C. S. B.; SILVA, W. **Meu primeiro livro de xadrez**: curso para escolares. 7. ed. Curitiba: Expoente, 2010.

YUSUPOV, A. **Entrenamiento de élite**. Madrid: Euseve, 1992. v. 1.

YUSUPOV, A.; SHERESHEVSKY, M. Sobre el estudio de los clasicos. In: YUSUPOV, A. **Entrenamiento de élite**. Madrid: Euseve, 1992. v. 1. p. 105-124.

ZNOSKO-BOROVSKY, E. **El medio juego en ajedrez**. 2. ed. Buenos Aires: Hache Efe, 1954.

Bibliografia comentada

BECKER, I. **Manual de xadrez**. São Paulo: Nobel, 1990.

O livro aborda todos os aspectos do xadrez, incluindo noções elementares e conhecimentos sobre abertura, meio-jogo e final, além de curiosidades e informações históricas.

BLANCO, U. **Por que o xadrez nas escolas?** 2. ed. Curitiba: Scherer, 2012.

Uvencio Blanco escreve sobre o xadrez e sua história e destaca o propósito de seu ensino nas escolas, entre outros aspectos. Inclui os relatos de inúmeros trabalhos de pesquisa relacionados ao xadrez e os resultados obtidos.

BLANCO, U. **Arbitraje del ajedrez para docentes**. Caracas: Uvencio Blanco, 1999.

Esse livro apresenta os princípios gerais para a organização de torneios, bem como as regras do xadrez, os sistemas de emparceiramento e os critérios de desempate.

BLOKH, M. **The Art of Combination**. [S.l.]: Intl Chess Enterprises, 1994.

Esse trabalho do Maxim Blokh inclui diversos exercícios de combinações, divididos em 16 temas exemplificados. Os exercícios são pontuados e em ordem de dificuldade. Dessa forma, o leitor poderá progredir gradualmente.

SOUZA, F. L.; RIBEIRO, R. L. S. **Xadrez para crianças**. Blumenau: Todo Livro, 2014.

Dirigido ao público infantil, por apresentar o jogo de xadrez, suas regras e fundamentos técnicos e táticos de forma lúdica e divertida, esse livro pode ser usado tanto por iniciantes no jogo quanto por quem pretende trabalhar com o xadrez para crianças.

Xadrez para crianças conta a trajetória de Yuri, que ganha de presente de aniversário de seu pai um tabuleiro de xadrez e se apaixona pelo jogo e seus encantos.

TIRADO, A. C. S. B.; SILVA, W. **Meu primeiro livro de xadrez**: curso para escolares. 7. ed. Curitiba: Expoente, 2010.

O livro foi adotado pelo Ministério da Educação para o ensino do xadrez escolar. Está dividido em três capítulos. No primeiro, "O diploma do peão", são enfocados os fundamentos, mostrando-se como o aluno pode avaliar seu conhecimento. No segundo, "O diploma da torre", são abordados os temas táticos. No terceiro capítulo, "O diploma do rei", são apresentadas as fases do jogo.

PACHMAN, L. **Estratégia moderna do xadrez**. São Paulo: Best Seller, 1967.

Vários temas estratégicos são abordados nessa obra, acompanhados de exemplos e comentários sobre partidas de xadrez. Assim, o autor oferece sua experiência para os leitores interessados em aprofundar seu conhecimento sobre os planos estratégicos para o desenvolvimento das partidas.

Respostas

Capítulo 1

Atividades de autoavaliação

1. a
2. d
3. c
4. b
5. b

Atividades de aprendizagem

Questões para reflexão

1. Alguns aspectos que podem ser citados são: figuras do rei e da dama introduzidos no jogo como influência da linha europeia, retratando a monarquia vigente na época; rei como a peça mais importante do jogo, refletindo uma sociedade patriarcal; dama como a figura mais poderosa, retratando a luta e a força da mulher para ter voz ativa na sociedade; promoção de peões, reforçando que o trabalho coletivo e o esforço compensam.
2. Esta é uma resposta que deve ser baseada na realidade do xadrez no estado do leitor, que terá de coletar no *site* da federação de xadrez regional informações como nome, *rating*, breve histórico da carreira e principais conquistas do melhor jogador do estado.

Capítulo 2

Atividades de autoavaliação

1. b
2. c

3. e
4. a
5. d

Atividades de aprendizagem

Questões para reflexão

1. Algumas relações que podem ser feitas entre as pontuações das peças e a sociedade são: rei sem valor de captura como a peça fundamental do jogo – sociedade patriarcal que tem a figura masculina como central; dama como a mais valiosa – força, luta e conquistas das mulheres ao longo dos anos; torres com valor de 5 pontos – representando a fortaleza dos antigos castelos na sociedade medieval; bispos e cavalos com valores iguais (3 pontos) – representando o apoio às figuras centrais do jogo/sociedade; peões com valor de 1 ponto – simbolizando a infantaria, a linha de frente do exército, que se sacrifica em prol dos "mais importantes".

2. O leitor, com base no conteúdo do capítulo, deve rascunhar um plano de aula próprio, descrevendo e organizando a ordem na qual ensinaria as peças e suas movimentações, bem como o xeque e o xeque-mate.

Capítulo 3

Atividades de autoavaliação

1. b
2. b
3. d
4. d
5. d

Atividades de aprendizagem

Questões para reflexão

1. O leitor deve buscar em material especializado partidas que contenham análises de enxadristas. Nas partidas selecionadas, deve realizar as próprias análises e fazer o registro conforme a partida evolui. Após a conclusão da análise e do registro, é preciso comparar o resultado com os comentários do material para verificar as convergências e divergências da análise individual e as análises realizadas pelo enxadrista.

2. O leitor deve rever o conteúdo relativo aos tipos de abertura e selecionar algumas opções para utilizar em suas partidas. Depois de selecionadas, deve procurar em livros comentários que esclareçam as principais ideias características das aberturas.

Capítulo 4

Atividades de autoavaliação

1. d
2. e
3. c
4. b
5. b

Atividades de aprendizagem

Questões para reflexão

1. O leitor deve selecionar uma das estruturas de peões que foram estudadas e fazer uma pesquisa, a fim determinar a abertura correspondente. A pesquisa deve ser realizada em qualquer fonte especializada no xadrez.
2. O leitor deve consultar outras fontes, buscando conhecer temas táticos que não foram citados no capítulo.

Capítulo 5

Atividades de autoavaliação

1. b
2. a
3. d
4. a
5. c

Atividades de aprendizagem

Questões para reflexão

1. Na Figura C, o leitor deve movimentar as peças brancas e pretas, buscando as melhores alternativas. Com as peças pretas, deve procurar a alternativa para chegar com o peão até "h1", e as brancas devem evitar a promoção do peão. Dessa forma, é possível concluir qual é o resultado da posição.
   Na Figura D, o leitor deve movimentar as peças brancas e pretas, buscando as melhores alternativas. Com as peças pretas, deve procurar a alternativa para chegar com o peão até "h1", e as brancas devem evitar a promoção do peão. Dessa forma, é possível concluir qual é o resultado da posição. A diferença na Figura C está no bispo, que, na Figura D, está em casa clara.
2. Na Figura E, o leitor deve determinar qual dos casos de empate a posição permite. Então, é necessário verificar os movimentos possíveis para concluir a melhor jogada das peças brancas.

Capítulo 6

Atividades de autoavaliação

1. d
2. b
3. d
4. a
5. b

Atividades de aprendizagem

Questões para reflexão

1. Alguns aspectos que podem ser citados sobre a utilização de jogos pré-desportivos nas aulas de xadrez são: melhora da dinâmica das aulas, especialmente necessária quando se trabalha com crianças bem novas; auxílio na assimilação e fixação dos conteúdos do xadrez (como movimentação das peças e xeque-mate); estímulo da criatividade e da capacidade de análise de diferentes posições e situações, bem como das possíveis combinações.

2.

Sistema	Vantagem	Situação
Eliminatória simples	Fácil gerenciamento	Muitos participantes e pouquíssimo tempo de realização
Schuring	Mais confiável na determinação do melhor jogador do torneio	Poucos jogadores e bastante tempo para a organização
Suíço	Permite organizar um torneio com grande número de jogadores em um tempo relativamente pequeno, além de se estabelecer uma programação predeterminada	Utilizado na maioria dos torneios

Sobre os autores

Augusto Cláudio Santa Brígida Tirado é doutorando em Educação, Ciência e Tecnologia na Universidade Tecnológica Federal do Paraná (UTFPR), mestre em Ciência, Tecnologia e Sociedade pelo Instituto Federal do Paraná (IFPR), pós-graduado em Psicopedagogia, Jogos Digitais-Design e Gestão Escolar e graduado em Educação Artística com habilitação em Artes Plásticas.

Desenvolve pesquisas sobre a influência da evolução tecnológica no desenvolvimento técnico do jogo de xadrez. Foi jogador de xadrez nos anos 1980 e técnico das equipes jovens do Brasil nos anos 1990. Esteve atuante na organização e capacitação de professores para o ensino de xadrez no Projeto da Secretaria Municipal da Educação de Curitiba, no Instituto Paranaense de Desenvolvimento Educacional e na Secretaria Estadual de Educação do Estado do Paraná e, em 2005, no projeto nacional desenvolvido pelo Ministério da Educação e pelo Ministério do Esporte. É coautor do livro *Meu primeiro livro de xadrez: curso para escolares*, referência nos projetos estadual e nacional.

Fernanda Letícia de Souza é especialista em Fisiologia do Exercício e Prescrição do Exercício Físico e graduada em Educação Física – licenciatura plena, Comunicação Social com habilitação em Publicidade e Propaganda e em licenciatura em Pedagogia.

Atuou por mais de cinco anos na coordenação de um projeto de ensino de xadrez promovido nas escolas de Blumenau, o qual ganhou o reconhecimento do secretário-geral do Comitê de Xadrez Escolar da Federação Internacional de Xadrez (FIDE), pela importância e contribuição para o desenvolvimento do xadrez nas instituições escolares dessa cidade, chegando a reunir, em um único torneio, o número recorde de 1.200 crianças.

Também atuou como técnica da equipe de base de xadrez feminino de Blumenau e na organização de torneios e eventos dedicados ao esporte.

Ao lado da Mestre Internacional Regina Ribeiro, é autora do livro *Xadrez para crianças*.

Impressão: Reproset
Maio/2023